A・J・フォン・クルーゼンシュテルン著　山本秀峰編訳

クルーゼンシュテルン日本周航記

一八〇四年～一八〇五年ロシア艦ナジェージダ号

長崎・蝦夷地・樺太滞在記

A.J. von Krusenstern (1770–1846)

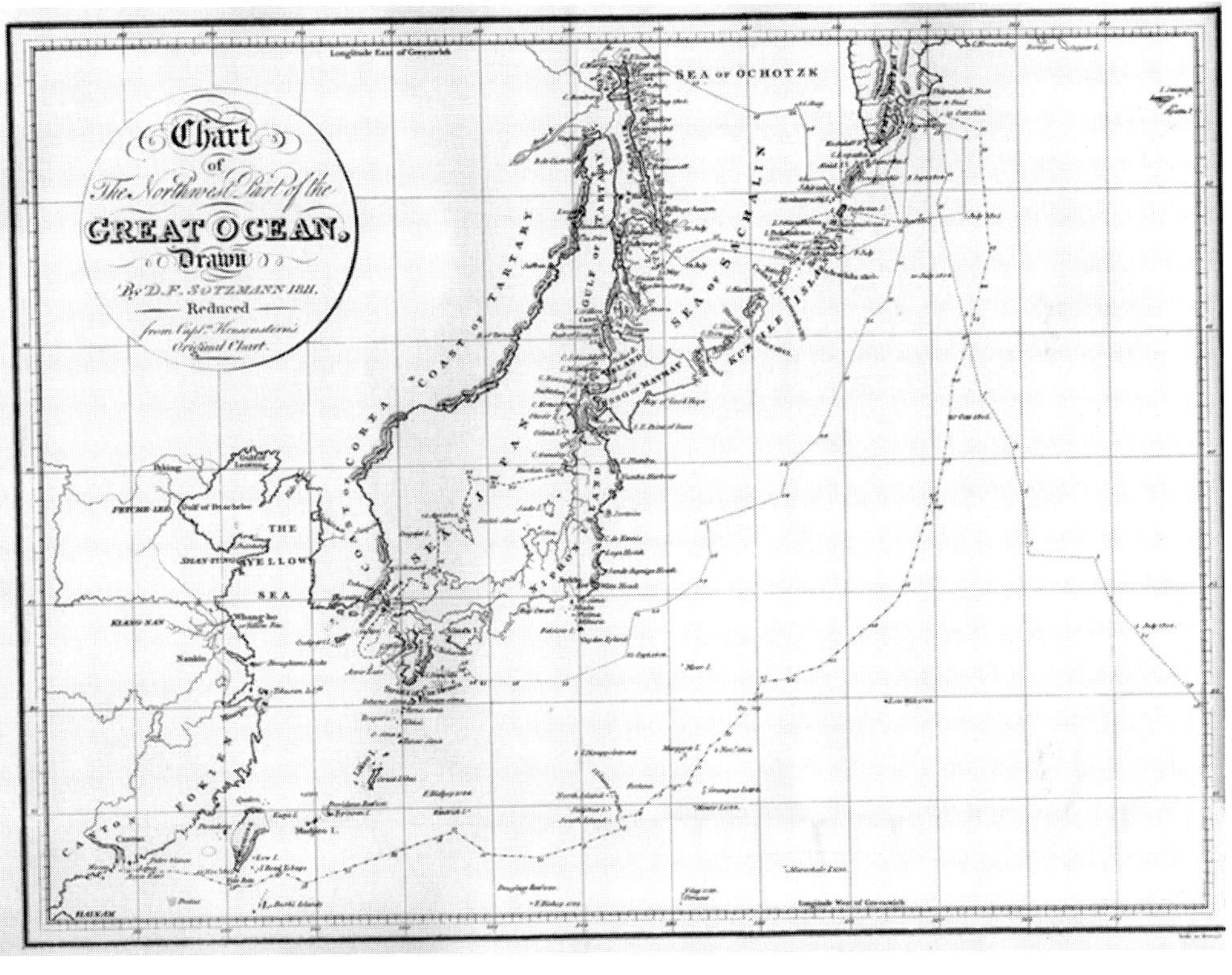

太平洋北西部の地図（ナジェージダ号の航路図）

長崎の風景

蝦夷島ロマンツォフ湾（宗谷湾）の風景

訳者序文

本書は、一八〇三年～六年ロシア最初の世界周航調査隊のナジェージダ号を率いた艦長、海軍大尉クルーゼンシュテルン（Krusenstern, A.J.von. 1770-1846）が著した「世界周航記」英語版 Voyages round the World, in the Years 1803, 1804, 1805, & 1806. By order of His Imperial Majesty Alexander the First, on Board the Ships Nadeshda and Neva, under the Command of Captain A.J.von Krusenstern. in 2 vols. & Atlas. London, John Murray 1813.より、日本周航に関する翻訳である。ロシアでの航海準備、カムチャツカ滞在から太平洋経由日本近海の航海、長崎滞在、日本海周航、蝦夷地、樺太訪問までの記録を内容とする。原書のテキスト巻は全二巻、二十六章、全七一八頁、太平洋北西部の航海地図を含む大部の書で、図版巻は、世界周航図、各地の地図、地形図、民族の人物、習俗など大型図版や地図一〇四葉が含まれる。この翻訳は第一巻の序章「前世紀におけるロシアの商業貿易の概観」から始まり、第十一章から第十三章、第二巻第一章から第二章までの日本周航に関連する章を対象とし、図版巻より該当する地図と図版を掲載した。

ロシアは、十八世紀ピョートル大帝の治世（在位一六八二～一七二五）に始まった絶対王政の確立と西洋化によって、政治、軍事、商工業の各分野での立ち遅れを克服し、一九世紀初頭には、商業圏の拡大、外国との通商関係の樹立をめざす本格的な活動を開始した。クルーゼンシュテルン艦長が率いる世界周航隊は、アジア市場の開拓、貿易振興、北方地域の植民地経営、特にアメリカ北西岸、カムチャツカ半島から日本、中国、東南アジア方面への交通・輸送路の開設などの諸目的を主眼にしたロシア帝国の国家的事業であった。

大航海時代を経て、未だ地理学上の空白地帯であった北太平洋地域の調査は、こうした目的を達成するための重要な課題で、調査隊には天文学者、地理学者、博物学者、医者、画家など科学的調査のための専門家が集められ、また、望遠鏡、時計、気圧計、寒暖計、湿度計、羅針儀など、最新鋭の観測器具を準備した。それらは、従来の西洋人による航海で使用されたものよりも優れた器材であり、長期の航海に必要な食料、衣料、医薬品も用意された。さらに日本との通商関係を樹立するために、宮廷侍従レザノフが全権大使および遠征隊総司令官として任命され、一七九四年アリューシャンに漂着した石巻の漂流民を連れ帰り、長崎での交渉を目指すことになる。

一八〇三年八月、ナジェージダ号はリシャンスキー艦長が率いる僚艦ネヴァ号とともに、首都サンクトペテルブルクの北西クロンシュタット軍港を出帆、コペンハーゲンから大西洋をブラジルへ航海し、ホーン岬、南太平洋マルキーズ諸島のヌクヒヴァ島、サンドイッチ諸島のオアフ島を経由する一年余の航海を続け、この間に南米、太平洋地域の原住民の間に滞在して民族学的調査を行った。そして一八〇四年七月、カムチャツカ、ペトロ・パヴロフスクに到着、この地で艦船の修理や食料の補給を行い、日本遠征への準備を開始した。

本書は、同八月末カムチャツカ出発から、太平洋日本東海岸の航海、四国沖、大隅海峡、九州南西岸の航海、十月八日長崎到着から六か月間の滞在、翌年四月の同地出発から五島列島、対馬、隠岐島、日本海への航海、五月、日本北西岸男鹿半島から津軽海峡、蝦夷地西岸への航行、宗谷湾訪問、原住民アイヌや駐在日本役人との接触、さらに宗谷海峡を横断して樺太アニワ湾の探検調査などに及ぶ記録である。

訳　者

凡例

・原書の英語版とドイツ語版

英語版　Voyages round the World. In the Years 1803, 1804, 1805, & 1806. By order of His Imperial Majesty Alexander the First, on Board the Ships Nadeshda and Neva, under the Command of Captain A.J. von Krusenstern. In two vols. & Atlas. London, John Murray, 1813.

独語版　Reise um die Welt in den Jahren 1803, 1804, 1805 und 1806 auf Befehl Seiner Kaiserl. Majestät Alexanders des Ersten auf den Schiffen Nadeshda und Newa unter dem Commando des Capitäns von der Kaiserl. Marine A.J.von Krusenstern. Berlin, bei Haude und Spener, 1811.

・挿絵、本文中の〔小文字〕は、訳者が加えた訳注ないし補足である。

・著者による原注は＊を付し、本文中の該当箇所に記した。

・原書の図版巻より日本周航に関連する図版三五点を口絵および本文中挿絵として掲載した。

一部、ラングスドルフの書 Bemerkungen auf einer Reise um dieWelt in den Jahren1803 bis 1807. von G.H. von Langsdorff. 1812. Friedrich Wilmans. 1812.および「クルーゼンシュテルンとともに世界周航」（Вокруг света с Крузенштерном. Сост. А.В.Крузенштерн, О.М Федорова. СПб. Крига, 2005.）より、数点の図版を本文中挿絵に含めた。

目次

訳者序文　*1*

図版目次　*7*

皇帝アレクサンドル一世への献辞　*8*

序章　前世紀におけるロシアの商業貿易の概観　*9*

北洋におけるロシア人の航海と発見の概要 ― ベーリング、チリコフ、シュパンベルグ、ウォルトン、シェルティング、ジント、クレニツィン、ロヴァシェフ、ラクスマン、ビリングス、サルイチェフ諸船長の航海 ― ロシア毛皮貿易の起源 ― 露米会社の出現 ― 施設の完成と政府の承認 ― 本航海の最初の動機

第一章　世界周航の準備　*29*

遠征隊司令官の任命を受ける ― イギリスで艦船を購入 ― 日本への使節派遣決定 ― 艦船クロンシュタットに到着 ― ロシア皇帝艦船に来訪 ― 碇泊地に投錨 ― 天文観測および航海術上の装備 ― 士官人名 ― 食料および衣料の選択 ― 商務大臣および海軍大臣の来訪 ― 艦上の様々な取り決め

第二章　カムチャツカ滞在、日本に向け出発　*47*

ペトロ・パヴロフスク港における艦上の業務 ― 航海継続の不安 ― ニジニ・カムチャツクより

シベリア提督到着 ― 航海継続を決定 ― 使節随行員の変更 ― ナジェージダ号カムチャツカを出発 ― クリール諸島緯度圏における暴風雨 ― 艦船に漏水発生 ― 古地図上に描かれた日本の東海上の群島は存在せず ― コルネット船長 ― ファン・ディーメン海峡 ― 日本の海岸を見る ― 大暴風、続く猛烈な台風 ― 再度日本海岸に接近、ファン・ディーメンを通航 ― 諸海峡およびその諸島について ― 長崎港の入口に投錨

第三章　日本滞在　*87*

長崎でロシア人が受けた応接 ― 期待が裏切られる ― 日本政府の疑心に満ちた行動 ― レザノフ使節が艦を離れ上陸 ― 使節の居住地、梅が崎の状況 ― ナジェージダ号長崎内港に導かれる ― 中国船および一隻のオランダ船出帆 ― 中国の対日貿易に関する報告 ― 月食を観測 ― 日本人の天文学の知識に関する所見 ― ロシアから帰還の日本人漂流民の自殺未遂 ― その動機の推測 ― 江戸より大名または一貴族が到着 ― レザノフ使節が日本全権代表と接見 ― すべての外交交渉が終結 ― カムチャツカへの帰航の許可 ― ナジェージダ号長崎を後にする

第四章　長崎港の様相　*125*

ヨーロッパ人による最初の日本発見 ― 日本との通商を求めるヨーロッパ諸国の試み ― 従来からの長崎の地理的位置の考察 ― 湾の正確な地図を作成することの困難 ― 長崎湾と湾内諸島の描写 ― 入港および出港に関する指示 ― 警戒の手段 ― 十月から四月までの気候の月別観測

第五章　日本出発そして日本海航行　*149*

ナジェージダ号長崎を去る ― カムチャツカへの航海に関して日本政府がとった警戒手段 ― この年の行動計画 ― 暴風雨のなか五島列島を回航 ― コロネット島および対馬の描写 ― 対馬の経度に関する観測 ― ラペルーズのマニラ・カムチャツカ間航海の海図上の重大な誤り ― 日本

沿岸を見る ― 見える陸地は隠岐島と推測 ― 日本海上における磁針偏差について ― 日本の北西沿岸を探査 ― 津軽海峡を発見 ― 津軽海峡の西口を形成する日本島と蝦夷島の二つの岬についての天文観測 ― 蝦夷島の西岸または松前の調査 ― ストロガノフ湾を調査、蝦夷島と樺太島を分かつ海峡を見出せず落胆 ― ラペルーズのド・ラングル峰およびギベール岬は蝦夷島には存在せず、別の二島にあることを発見 ― これら諸島と蝦夷島の北西岸の間を航行 ― 我々がラペルーズ海峡にいることを発見 ― 蝦夷島の北端の湾内に投錨、ロマンツォフ湾と命名

第六章　蝦夷の北端およびアニワ湾における滞在 *187*

蝦夷北部の遅い春 ― 日本政府の一役人と数名の日本商人を発見 ― この地方の地理に関する所見 ― 蝦夷、松前、インス、奥蝦夷およびサハリンの名称について ― ロマンツォフ湾の描写 ― ド・ラングル峰 ― アニワ湾に向けて航行 ― Salmon Bay に投錨 ― アニワ湾における日本の工場 ― 湾内にヨーロッパ人の開拓施設の設置を提案 ― 開拓施設が商業にもたらす諸利益 ― アニワの占有は容易である ― この明らかに乱暴な手段の弁明 ― アイヌに関する描写 ― アイヌの身体的・道徳的特質 ― 婦人の貞淑 ― アイヌの衣服、装飾品、住居および家具、食糧、政治形態、人口 ― アイヌが毛深いという伝説を論駁

訳注 *221*

参考文献 *229*

著者略年譜 *232*

訳者あとがき *235*

図版目次

皇帝アレクサンドル一世への献辞

皇帝陛下

陛下の命により、私がその指導の光栄を授けられたロシア最初の世界周航の航海は、ロシア海軍史の年代記において特記されるべきものであります。陛下は慈悲深くも、この成功した企画の記録を公刊する許可を私に与えてくだされた。そして今、私の書を玉座の下に敢えて奉呈奉るとともに、一航海士による素朴な記録が、冒頭に記すことを許された陛下の恩名に価値あらんことを確信するものであります。本航海の開始から終了に至るまで、陛下からの称賛を得ることができた喜びを、新たに私に証明していただいた恩恵であります。陛下の数多きご加護に対し、最高の尊敬の念、そして熱き感謝の念を捧げつつ

慈悲深き皇帝陛下の最も忠実なる献身的臣民

クルーゼンシュテルン

アレクサンドル一世

序章　前世紀におけるロシアの商業貿易の概観

北洋におけるロシア人の航海と発見の概要 ― ベーリング、チリコフ、シュパンベルグ、ウォルトン、シェルティング、ジント、クレニツィン、ロヴァシェフ、ラクスマン、ビリングス、サルイチェフ諸船長の航海 ― ロシア毛皮貿易の起源 ― 露米会社の出現 ― その施設の完成と政府の承認 ― 本航海の最初の動機

一六九六年のカムチャツカ、および一七四一年のアリューシャンの発見は、ピョートル大帝の治世以来、ロシアにおいて起こった大事件のなかで決して小さな出来事ではない。両方とも、ロシアの商業貿易にあたえた影響は広範囲にわたり、その効果はごく最近になってからのことではあるが、国民の商業精神に与えた変化という点からしても重要な意義をもっている。カムチャツカおよびアリューシャン列島の領有は、おそらく、ロシアを休眠状態から覚醒させることに貢献した。それまではヨーロッパの商業国の政策はロシアをその状態のままにさせようと努力し、それが大成功だったのである。ロシア人が先輩たちのくびきから脱しようとする最初の試みを行い、自国の領地でありながらそれまで少しも利益を引き出せなかった土地から新たな領域を切り開くのを、ヨーロッパ諸国は不安なく見ることはない。ロシアが持っている商業における無尽蔵の源泉や活力は、誰もが知っていることである。しかし、ロシアがかつて貿易国になることを困難ならしめる障害があった。その障害について、何人かの著述家が克服できないものと指摘しているが、その障害の性質上、それを取り除く可能性が疑問視されることはない。ひとたび帝王がこれらに関する望みを言明しさえすれば、ほとんどの困難性はすでに克服されるのである。

不朽のピョートル大帝(1)〔Пётр I Алексеевич 1672-1725　初代ロシア皇帝、在位 1682-1725〕は、その行動が一貫して深い政治家の刻印を残しており、ロシアの創生者としての鋭い洞察力をもっていた。自国の商業を相当の水準にまで引き上げるために、外国商人を呼び込んだのは確かに賢明な方策の一つであった。往時のロシア商人の性格は、ロシアが行った積極的な取引によって極めて有力なものになったにもかかわらず、前世紀の初頭においては、その社会的地位を大いに失ったのである。その当時主要な商人たちは、外国貿易の取引関係についてほとんど無知の状態にあり、ピョートルは自国に海運力とともに貿易を採り入れたかったのである。したがって商人たちは指導者が必要になってきており、それによって貿易の知識を取得することができ、商人たちにとってそれは極めて新奇なものであった。なおかつ、それなしにはいかなる事業も結果を出すことは期待できなかったのである。

ピョートル大帝

＊「ゴスチ」と呼ばれるロシアの大商人は、かつていくつもの特権を享受していたが、それは徐々に失われていった。かれらは外国使節に任ぜられ、王侯のテーブルにも招待された。かれらの要求は、他の債権者たちの要求よりも優先され、ほとんどすべての賦課金が免除された。舎営を強要されることはなく、また自ら宣誓を要求されることもなく、かれらの使用人を通じて誓いをたてることができた。しかも、ツァーリ〔皇帝〕または目的のために特別に指名されたボヤール〔大貴族〕以外には、誰もかれらを裁くことはできなかった。

その上さらに、貴族階級の一部にあったと思われる商人に対する偏見をなくさせるために、貴族の身分ではなく、皇帝の注意を引き、皇帝が敬意さえ覚えるような外国人を国に呼び込む必要があった。要するに、国民の目に見えるところで、商人に爵位を授けることも必要だったのだ。そしてピョートル大帝はこの事業を開始し、かれの後継者はすべて、多かれ少なかれその事業に貢献したのである。家臣たちの商業を拡大しようとするロシアの統治者の切実な願いがあったにもかかわらず、その願いが完全に成功するには、いくつかの環境によって遅れが生じてしまった。しかし商人の地位は常に高まっていった。現在の啓蒙政治には、ピョートル大帝が踏み出した国民の厚生に対する最後の施策に着手することが残されているのである。そして今や、外国人によって我が国の商業に負わされたくびきから抜け出す時がきたのだ。外国人は我が国の出費のもとで富を獲得し、自分の国で使うためにロシアを去ったのである。彼らはこのようにしてこの国から資本を引き出したのだが、もしもロシア人が自国の利益のためにエネルギーと愛国心を発揮する手段をもっていたならば、その資本は保護されたであろう。ロシアのような唯一者の意思によって統治される国においては、このエネルギー、この愛国心こそ鼓吹されなければならないのだ。そしてこの点にこそ、現在の優れた君主の政府が、常に臣下の利益のために精力を注ぎ、この国の富や名声に対する人間性や熱意を日々に示す態度がはっきりと表れてきているのである。

過去百年間、ロシアの取引は実際上、外国人の手によって行われていた。そして最も効果的な方策を採用しようとも、またその一部ですら外国人の手から取り戻すことができるまでには、長い年月がかかったに違いない。カムチャツカおよび隣接する諸島、またアメリカの北西海岸の大部分における取引は、完全にロシアの北東住民によって行われてきているが、もしもそれら地域の領有が現在、ロシア西部の人々にも実効的になっていなければ、遅かれ早かれ現実になるであろう。現政府にとって極めて重要になってきているこれらの方策は、この大きな目的のために、実行しなければならないのである。

読者によっては、ロシアの航海および発見の歴史について、どれほどの知識をもっておられるか私には想像できないが、ここでその概略を示すことは、さほど場違いではないだろう。

既に一七一六年、ピョートル大帝の命によって一隻の船がオホーツクからカムチャツカに向けて航海し、大陸と半島間の海上航路を切り開く試みがなされた。その時以来、人々は常に、困難多く忍耐の要る陸路の交通より海路を選ぶようになった。同様に、ピョートルの命令により、一七一一年から二十年の間にクリール諸島の調査が行われた。そしてピョートルは一七二五年に死去する直前に、最初のカムチャツカ探検調査の派遣計画を立て、その隊長にベーリングが指名された。ピョートルの鋭い洞察力は、これらの遠隔地域が将来ロシア帝国に極めて大きな利益をもたらすだろうことを見逃すことはなかった。したがって彼は調査隊の正確な記録を得ることを願ったのである。また、当時未決定であった課題、すなわち、アメリカはアジアからどれくらい離れているのか、それは、大帝が一七一七年オランダ滞在中に人々から調査を懇願されていた問題であり、また、彼も会員の一人であったパリ科学アカデミーからも陳情された問題で、常に彼の課題としてあったのである。

ベーリング〔Bering, Vitus Jonassen, 1681-1741 デンマーク生まれ、ロシア帝国の航海士、探検家〕は、チリコフ〔Chirikov, Alexei Ilich. 1703-1748 ベーリング探検隊の補佐役〕とシュパンベルク〔Spanberg, Martin Petrovich. ?-1761 デンマーク生まれロシアの航海者〕の二人の中尉を伴って二度の航海を果たした。第一回は一七二八年、かれは北方へ、北緯六七度一八分のセルツェ・カーメン岬まで到達したが、彼は誤ってこの地点をアジアの北端としてしまった。そして二回目は、翌年、アメリカを探して東に向けて探検したが、発見することはできなかった。したがってこの二度の航海の目的は挫折してしまったのである。ここにおいてアンナ女帝は同様の航海の企画を命じ、アリューシャン列島とアメリカ海岸の発見がロシア商業の将来にとって重要であることを示したのである。探検隊には非常に大きな結果が期待されたが、その準備に九年間もかかり、また膨大な費用が発生し、かつ船舶建造のための物資をオホーツクまで運搬するのに、全シベリア住民が完全に疲弊してしまったのである。ベーリングは再び探検隊長に選ばれ、チリコフ中尉は別の船の指揮を執った。一七四一年これら二人の探検家たちは、航海を開始した。自然科学者としてシュテラー〔Steller, Georg Wilhelm, 1709–1746 ドイツ出身、ロシア帝国の博物学者、探検家〕がベーリングに随行し、天文学者としてド・リール〔Delisle, 1688–1768 フランスの天文学者〕が遠征隊のチリコフに随伴した。チリコフの船は、北緯五六度でアメリカ海岸を発見したが、ベーリングの船は嵐の中で同行船と分かれてしまい、北緯五八度二八分の地点でアメリカ海岸を見ている。ベーリングの船はカムチャツカへの帰路、ある島に漂着したが、その島は彼の名前によって呼ばれている。そして彼はやがて間もなくこの地で没する。

一七三八年および三九年、シュパンベルク、ワルトン〔Walton, Viliim〕、及びシェルティング〔Shelting, Alexei Elizarievich, 1717–1789〕の中尉らは、クリール諸島、さらに日本に航海した。一七三九年の第二回航海中に、嵐のなか、別れ別れになってしまったが、かれらは日本の東海岸の各地に接近した。シュパンベルクとシェルティングは、北緯三八度四一分、および三八度二五分において、そしてワルトンは、北緯三八度一七分において日本海岸に接岸し、それから北緯三八度四八分まで海岸沿いに航行した。シュパンベルクはクリール諸島を調査し、蝦夷または松前にまで達し、帰国後これら二十二島を含む海図を発行した。しかしその記載の不正確さのために、今でもそのほとんどが認められていない。一七四一年と四二年、シュパンベルクとシェルティングは再び日本に向け航海し、日本とカムチャツカは同一の子午線上にあるかどうかを確かめようとした。それはシュパンベルクとワルトンが本当に日本の海岸を見たのかどうか、また朝鮮の海岸と混同しているのではないかと疑われていたからだ。しかしこの第二回航海では何も得るものはなかった。シュパンベルクの船は漏水が発生し、直ちに引き返さなければならなかった。僚船のシェルティングは、アムール川河口を探検した。しかしその後、シュパンベルクとワルトンが測定したカムチャツカと日本との間の経度の差を確認し、それによって彼らの最初の航海において日本海岸に実際に到達していたことが証明された。一七九二年日本の大黒屋光太夫(2)がエカテリーナ女帝(3)の命によって、ラクスマン指揮の船で祖国に送還された。シュパンベルクの時代からこの時に至るまで、クリール諸島および蝦夷にはロシア商人が繰り返し訪れていたが、それによって学術的にも、また商業の観点からも利益が生ずることはほとんどなかった。

一七四三年および四四年、オホーツクからカムチャツカまでの海岸は、フミチェフスキー中尉〔Khmetevskii, Vasilii Andreevich, 1698-1777〕によって調査が行われた。

一七六四年、エカテリーナ女帝〔Екатерина II Алексеевна. 1729-1796. ロマノフ朝第八代皇帝。啓蒙専制君主〕の命により、帝国海軍ジント中尉〔Sindt, Ivan Borisovich, ?-1785〕がオホーツクからアジアとアメリカ間の地方の発見の探検に派遣され、一七六八年に帰還した。彼はこの航海においてマトヴェイ島、およびセント・ローレントの大島を発見した。クック〔Cook, James. 1728-1779. 大英帝国の海軍士官、海洋探検家、海図製作者〕が北緯六〇度東経一八七度三〇分において名付けたアプライト岬は、恐らくマトヴェイ島であり、クックはそれをクラーク島と呼んでいる。

＊ ロシア人の発見にかんするコックスの有名な著で、ジントの航海図の中に北緯六一度と六四度の間、ベーリング海峡の真南にジントが発見したと言われる一群の島があるが、彼の航海した航路はこの群島間に描かれている。しかし、クックおよびサルィチェフの航海は、この群島は存在せず、長い間海図上から除外されていたセント・マカリウス、セント・ステファン、セント・セオドア、およびセント・アブラハムの諸島と同一のものであることを証明した。おそらく、これらの諸島はセント・ローレント島であり、ジントは誤って一つの島ではなく、群島と見なしたのだろう。

一七六八年、クレニツィン艦長〔Krenitsin, Petr Kuzmich, 1728?-1770〕およびレヴァショフ中尉〔Levashov, Mikhail Dmitrievich, 1739-1775?〕は、アリューシャン列島の調査、およびその位置の天文観測による確定のために、ニジニ・カムチャツクから出航した。彼らは一七六八年よび六九年にこの任務を極めて注意深く遂行した。しかし、クレニツィンは、不運にも帰路にカムチャツカで溺死してしまった。

一七八五年、新たな探検隊が派遣され、指揮はイギリス人ビリングス〔Billings, Joseph, 1761-1806〕に委ねられた。一七九六年に完了したこの航海については、二つの記録が最近出版されている。一つは、ビリングス艦長の助手ザウアーによって英文で書かれている。もう一つは、現在の副総督サルィチェフ〔Saryichev, Gavriil Andreevich, 1763-1831〕によってロシア語で編纂され、重要な事項のすべて、および遠征隊の航海術上の詳細が含まれている。これらの航海記録は一般読者の手中にあり、私は彼らの功績について敢えて述べることは差し控えたい。しかし、私の見解では、探検隊に寄せられた期待はまったく実現されず、実施された十年間におよぶ政府が費やした莫大な労力と出費はほとんど償われなかった。ロシア海軍の士官たちの間には、自分たちが遠征隊を指導していれば、かのイギリス人よりはるかに成功しただろうと思われる人材が多数いたのである。この遠征隊が実現した有益なものは、すべてサルィチェフ船長によってなされたものであり、彼のみが専門の科学的知識を特別に備えていたのである。そして、主として各地域の天文観測による位置の確定、島、海岸線、港などの調査および作図において彼が発揮した努力なしには、ロシアは恐らく、この遠征隊の指導者によっては海図一つも得ることができなかったであろう。

クック船長の三回目の航海がイギリス商人に与えた投機的効果によって、彼の船が帰還してすぐ、商人たちは貴重なラッコの毛皮を求めてアメリカ北西岸に向けて出かけ始めたのである（クック船長がマカオで中国人の間に滞在した時に、ラッコの毛皮がいかに高価なものであることが伝えられたのである）。だがこの効果は、四十年前、ベーリング船長とチリコフによってアリューシャン列島とアメリカ北西岸が発見されたことによってロシア商人たちの間にすでに行われていたことだ。その時以来、ロシアの商人たちは、あらゆる種類の毛皮、主にラッコを求めて、自費で航海を繰り返したのである。彼らはそれらの毛皮を中国国境において売却し、莫大な利益を得ていた。このようにして彼らは交易を開始し、奨励もほとんどなく、また、こうした商取引を継続することを思いとどまらせる信じがたいほどの航海の困難にもかかわらず、その取引は大きな利益をもたらした。ロシア人の同じ起業家的な精神ではないが、それなりの期待をもって出発する船は年々増加したのである。私は、これらの航海の詳細について立ち入ることはしない。それらの記録はパラス〔Pallas, Peter Simon. 1741–1811

ドイツ人動植物学者〕著の「新北方研究」、Pallas. New Northern Supplement及びコックス〔Coxe, William. 1748-1828〕の「ロシア人の発見」Coxes. Description of the Russian Discoveriesに詳しく述べられているからである。だが、こうした航海が一七四五年以来、絶えることなく継続され、企画した人たちに常に大きな利益をもたらしたことを言っておきたい。あらゆる種類の毛皮、とりわけラッコの毛皮は、繊細な中国人にとって必要不可欠な商品になったのである。中国人はわずかな気温の変化にも敏感で、たちまち衣装を替える。熱帯地方にある広東においてさえ、冬には毛皮の服を着る。もしも政府の支援があったならば、ロシア商人によって行われた貿易は限りなく大きな利益をもたらしていただろう。なぜなら、彼らはより優秀な船を建造し、より熟練した指導者を得ることができただろうからである。経験のある航海者がまったく不足していたために、毎年三隻の船のうち一隻が失われていたのだ。毛皮を手に入れるために出港する船が非常に増大し、ついには他の諸国、例えばイギリス、アメリカ、さらにスペイン人もこの儲かる商売に参入し始めるに及んでも、なおロシアの諸港には一年のうちに二十隻もの船が出港準備していたほどである。この異常なほどの増大は、多くの弊害を呼ぶことになった。そして、現在の露米会社の創設者と見なされている商人シェリホフ〔Shelikhov, Grigrorii Ivanovich. 1747-1795〕の周旋がなかったならば、この商業貿易はこれらの参入者たちの悪質な方策によって、破綻していたかもしれないのである。

毛皮貿易を求める船舶はいずれも、それぞれ別々の所有者に所属し、彼らはアリューシャン列島の住民を助けるのでもなく、住民は例外なく虐待され、捕獲された動物たちも同様であった。一言でいえば、彼らは将来のことを全く考慮することなく、彼らはひたすら船の積み荷を集め、オホーツクへの帰りを急ぐのであった。高価なラッコ、その他の海獣の毛皮は、これら貪欲な猟師たちにとって極めて利益があり、もしこの捕獲競争が続けていたならば、たちまち絶滅させられてしまっただろう。

また、毛皮貿易は自滅しただろうし、少なくとも数年間は頓挫していたことだろう。こうした破滅的な計画に対してストップをかける絶対的な必要性を確信したシェリホフは、この貿易に参加する様々な人々を一つの会社にまとめるために相当な努力をした。それは後に、すべての参加者に利益がもたらされるべく一定の計画の上に立って、懸命にそして周到な注意をもって行動しようとしたのである。彼のこのための努力は長い間報われることがなかったが、一七八五年に至ってゴリコフ〔Golikov, Ivan Illarionovich. 1729-1805〕兄弟と会社を合同することに成功した。彼らは資本を増進させ、数隻の船舶を準備し、企業家精神の旺盛なシェリホフは、自らその指揮を執って出発した。カジャック島に設備を造成し、それは現在なお、露米会社の主要工場となっており、西方に向かってはカムチャツカ、東方に向かってはアメリカ西海岸に対してアリューシャン列島の中間地点に位置するよう計算されているのだ。さらに、これまでの数年間、継続的にこの収益性の高い貿易を続けており、それによって相当な利益をあげているのである。

こうした会社合同の成功によって、数人の商人たちにシェリホフとゴリコフのように合同するような動きを導き、このようにして現在の露米会社の基礎がつくられるようになったのである。その名前は、シェリホフとゴリコフの合同においてすでに想定されていたのである。貿易は現在シェリホフによって会社全体の利益のために遂行され、要塞で保護された工場はアリューシャン列島のほぼ全島に設立されている。会社の本店はイルクーツクにあり、町は東西ロシアを結ぶ位置にあって機能している。しかし、会社はこれまで相当な程度に発展しているにもかかわらず、政府からの注目や援助をいささかも受けてきておらず、その貿易は正式に保証されているというより、むしろ許容されているといった様子である。ましてや、会社の存在はなんら確実な根拠に立っているわけではなかった。この貿易が不規則に行われ、またロシア商人によるアメリカ諸島の原住民に対する不当な、そしてしばしば残虐な行動（その状況は現在広く知られている）が重大な敵愾心を引き起こしているのである。王位についたパーヴェル皇帝は会社にストップをかけ、同時に取引を停止させることを決心した。そしてレザノフ氏の仲裁がなかったならば、その決定は間違いなく実行されていただろう。レザノフ氏は、後に日本への使節派遣の際にその使節に指名されたのである。彼はシェリホフの娘と結婚し、それとともに相当な財産を獲得した。その資産はすべて株券であり、その価値は、露米会社の継続が成功するか否かにかかっていた。大変な行動力と様々な方策をめぐらし、彼は皇帝に新設の露米会社に対して極めて有利にすることに成功し、会社を廃止すべきとする説を放棄させたのである。そして一七九九年、正式に会社を認めさせ、相当な特権を得たのである。その居住は同じ年、イルクーツクからペテルブルグに移され、貿易はついに盛況の様相に至ったのである。会社の成功により収益が確約される方策が採用された。露米会社はあるイギリス人をアメリカに派遣したが、彼は造船家であるばかりでなく航海者であった。そして彼は航海士たちに対して最良の海図、航海記録、航海上および天文学上で極めて必要な機材、そして航海に関連する書籍などの提供を開始したのである。

しかしながら、現在の皇帝の治世が始まって以来初めて、伯爵ロマンツォフ商務大臣の監督の下で、長期間看過されてきた商業部門に、鋭意努力によってこの貿易の存続に新たな形をつくったのである。（皇帝は即位後直ちに、露米会社に大いに関心を寄せ、自分自身がその一員となり、模範となって多くの有力者たちを導き入れようとしたのである。）彼らは、新たに設立されたばかりの居留地にあらゆる必要物資を可能な限り安く、定期的に供給し始めたのである。居留地の状態は、極めて貧しく荒れ果てた地方で、援助なしにはすぐに崩壊してしまうに違いなかった。必要物資のなかには、パンでさえも欠乏し、改善されなければならなかった。なぜならアリューシャン列島においても、アメリカ海岸においても穀物はまったく栽培されていないのである。居留地はより良好な防御状態に置かれ、堅牢な船舶の建造に注意が払われる必要があった。さらには、質の良い索具装備、錨、錨鎖を備えること、それによって船舶の安全性が大いに保たれ、また、同様に経験豊かな熟練した船長と船員を配備する必要があった。しかし、こうしたことはロシアとアメリカ植民地との間の直接的な海上交通によってのみ実現できうるのであった。そしてこれまでのところ、必要物資はヤクーツクおよびオホーツク経由で供給されてきているのである。それは長大な距離で、また必要物資の運搬が極めて困難であり、そのために毎年四千頭以上の馬が雇われ、あらゆる物価が高騰し、オホーツクでさえ途方もない価格になった。例えば、最も安い時代には一プード〔=16.38kg〕の米がヨーロッパロシアの東部地方においては概ね半ルーブルであるが、それが八ルーブルで売られ、一露瓶〔1.2リットル〕の分量のブランデーが二十ルーブル、または四十から五十ルーブルになった。その他の商品も同じ比率であった。さらにはこれらの商品はしばしば輸送途上で略奪され、一部しかオホーツクに到着しなかった。錨や錨鎖の輸送はほとんど不可能の状況であった。そして、これらの装備品が欠乏したことにより、やむを得ず代用品に頼らざるをえなかったが、それは最悪の結果をまねくことにもなった。錨鎖は七ないし八尋〔一ファゾム（尋）は1.82メートル〕の長さの小片に切断されて送られ、オホーツクで組み継ぎするということになった。さらに錨は同様にして分解されて運ばれ、後に継ぎ合わせる状態であった。

　オホーツクまでのこうした陸上運搬は困難で、費用がかかり、さらにオホーツクからアメリカ海岸の諸島へはさらに大きな危険があった。船舶の粗末な建造、ほとんどの船舶指揮者たちの無知、そして嵐の多い東方の海洋での航海、これらは一年を通し、このような船舶が危険に遭遇し、毎年多くの人命と貴重な積荷が失われる原因であった。そして今や、この貿易が有益に継続し、将来にわたって拡大されていくためには、船舶はホーン岬または喜望峰を回り、アメリカ北西岸に向けて送られることが絶対的に必要であると思われる。そして一八〇三年、その最初の試みが実施されることが決定されたのである。

読者諸氏にあっては、この航海を誰が提案したかについて、関心をもたれることはないだろう。にもかかわらず、この遠征企画の指名に先立つ若干の状況について簡単に述べておいてもよかろう。

過去数年間、ロシアの商業貿易が極めて限られた状態になっていることは、私の考えてきたことである。私にとってこの状態を改善することに貢献できればという願いは至って当然なことであったが、この希望が実現されることはないと絶望せざるをえなかった。なぜなら、私の立場も、持っている知識からしても、その望みはいささかもなかったからである。一七九三年から九九年までの革命戦争時〔第一回欧州同盟、対仏大同盟〕、イギリス海軍に従軍していた間、私は、イギリスの東インドおよび中国との貿易の重要性について特別に刺激を受けていた。私にとって、ロシアが中国やインドとの間に海上交通による貿易に参加することは、およそ不可能であると思われた。海洋貿易を行うヨーロッパ諸国のほとんどは、多かれ少なかれインド、中国との交易を営んでおり、それらの国々ではあらゆる自然資源が極めて豊富である。そしてこの東洋貿易を特別に開拓してきている国々は、常に高度の繁栄を達成してきているのである。

その最初のケースはポルトガル人で、次いでオランダ人である。そして今やイギリス人である。ロシア人もまた、これらの国々になんら設備を持っていないにしても、中国および東インド諸国との交易によって、利益を得るだろうことは疑うべくもないはずである。しかしながら、これら遠隔の地域との貿易に障害となっていることは、主として、商船を率いていく能力のある人材が欠乏していることである。この目的で採用されうる人材は帝国海軍の士官以外にはなく、彼らにおいてさえ、わずかなイギリス人を除いて東インドの航海の知識をもっている人材はまったくない。こうした理由から、私は自らインドに出かける決意をしたのである。ロンドンのロシア大使ヴォロンツォフ卿は、それを実行する機会をすぐに与えてくれた。そして一七九七年の初め、イギリスの戦列艦に搭乗して喜望峰まで航海し、そこからフリゲート艦でインドまで行った。そこで十二か月間滞在し、海軍の船で中国に行けなかったため、商人の船に乗り、中国海域の危険な航海を経験したのである。

ここまでのところ、私の考えはヨーロッパロシアから東インドおよび中国への貿易のことばかりに傾いていた。しかし偶然にもこの課題の私の考えに転機を与えることがあり、そしてこの偶然の出来事によって、私が引き受けた第二回目の航海をすることになったのである。一七九八年と九九年、広東に滞在していた時に、アメリカ北西岸からやってきたイギリス人が率いるおよそ百トンの小さな船が到着したのである。その船はマカオから出帆し、わずか五か月間のうちに戻ってきたのである。その積荷は、すべて毛皮で、六万ピアストルで売られたのである。彼らは東太平洋の島々およびアメリカ海岸から毛皮貿易で相当な取引を行っていることを知っていた。彼らは毛皮をまずオホーツクまで運ぶ必要があり、そこからキャフタまで送るのだが、それには二年ないしそれ以上の年月が失われるのである。さらに毎年数隻もの船が太平洋上を渡る途上で豊富な積荷とともに失われていることも、私は同様に知っていた。そこで私は、もしもロシア人たちがアメリカ海岸の諸島から商品を直接広東に運んでくれれば、その利益は限りなく大きなものになるだろうと考えたのである。この考えは、それ自体がなんら新しいものではなかったが、私に鮮明に印象付け、確信をもたせるものであった。こうした考えは、ロシアの毛皮商の所有者には決して浮かばなかったのだが、私は帰国途上において直ちにこれを実現させる提案をする必要があると決意したのである。中国からの航海の途上、私は覚書を作成し、それを当時の商務大臣ソイモノフ氏に手渡そうと思ったのである。彼は商業貿易に関して高い知識を持ち、公共精神が豊かで、国民の福利になる企画に対しては直ちに実行する構えを持ち、その名声を聞いていたのである。この覚書のなかで私は、ロシアが積極的な貿易を外国人の手に任せてきていることによっていかに利益を失ってきているかを強調した。そしてロシアにとって、国内商業のほうがより有益であるという一般的な議論の誤りを立証しようと努めたのである。それと同時に、商業航海に搭乗する海軍士官や、船乗りたちの困難を除去する方策に関する私の考えを伝えたのである。さらに海軍のために教育された六百人の若い士官候補生、かれらはすべて貴族の出身であるが、それらに加えて百人の一般人を参加させることを提案した。かれらは専ら商業に従事しながらも、貴族出身者と同じ立場にあるべきこととした。私が思うには、良き船乗りとは、職業の理論を学び、商船に搭乗して航海をするなかで自然に身につける若者でなければならない。さらに私が特に推奨したことは、軍艦の艦長たちは、乗艦する少年たちに特に気を使い、かれらの才能を見出だした際は常にそれを推挙し、軍団において成し遂げるよう教育すべきことである。そうすれば、祖国のために有用な人材を養成することができるだろう。もしも人が単に家柄にのみ注意が向けられていたのであれば、クック、ブーゲンヴィル〔Bougainville, Louis Antoine de. 1729–1811〕、あるいはネルソン〔Nelson, Horatio. 1758–1805〕らは、あのような貢献を果した人物にはならなかっただろう。

次に私は、ロシアの毛皮貿易の現状について略述した。毛皮貿易に携わる企業家たちがさらされるあらゆる障害について述べたが、彼らはいかなる危険があっても撤退すべきでないのだ。そして、もしもこの貿易が政府による支援が得られるならば、ロシアにとって大いなる利益をもたらすに違いないことを示したのである。この目的のために、私はアリューシャン列島とアメリカに向けて、クロンシュタットから二隻の船舶を派遣し、その建造と装備のためにあらゆる必要品を備えるべきこと、さらに、熟練した船大工、あらゆる技術者、航海術の教師、海図、書籍、航海術上および天文学の機材を配備することを提案したのだ。要約すれば、毛皮商人たちが植民地において優秀な船舶を建造し、その航海の指揮を熟練した人材に委ねられるようにすべきであるとしたのである。

＊　アメリカ、アリューシャン、またはオホーツクにおいては、仮にあらゆる必要物資が直接ロシアから運ばれたとしても、その地域で船舶を建造することは非常に困難である。私はかねてより、経験からそのことを知っており、東部海岸の港から毛皮取引のための小型船舶を送るのがより有利だろうと考える。そうした小型船舶で運ばれる貨物輸送は、船舶建造およびその艤装に要する費用を十分賄うだろう。その遠征はまた、長い航海ができる船乗りたちを養成するという大きな利点を伴うものであろう。そうした優秀な船乗りは非常に不足しており、現在船舶を動かしている無知なプロムィシレンニク「企業主」や毛皮狩猟者たちに代わって、露米会社の船舶の安全にとって大いに貢献するであろう。いずれにしても私は、もし政府がアメリカ北西岸の会社設備を保護する必要性を維持し、そして貿易体制を確固として支援するならば、ロシアのヨーロッパ諸港と露米会社の植民地との間の不断の通航、特に広東との貿易が露米会社の取引を成長させる唯一の方法であると考えるのである。しかしながら、露米会社の側にあっては、こうした企画は、彼らのまったく新しい組織づくりが必要であった。

現地で建造されることになる船舶によって、以後、毛皮は広東に運ばれることになるが、キャフタを通して中国人との交易を完全に中断してしまうことがないようにしなければならなかった。そして広東での毛皮販売から得られる金額は、中国製品の購入に充当されなければならず、中国製品は船でロシアに送られ、この目的のために広東に向けて東部海岸から出航する船によって運ばれるか、あるいは植民地から広東に毛皮を運んできた同じ船で回送されることになる。さらにその帰りの航海において、その積荷が十分でない場合には、マニラ、バタヴィア、またはインドの海岸に寄港し、ロシアで直ちに、有利な市場を必ず見出せる品物を入手する必要がある。このようにして、東インドおよび中国製品の購入のために、多額の金額をイギリス、スウェーデン、デンマークに対して毎年支払う必要がなくなり、ロシアはドイツ北部に対してこれらの国のいずれよりも安い価格で製品を供給するような状況になるだろう。なぜなら各国の航海準備は我が国よりずっと費用がかかり、そして多くの場合取引が正金払いでのみ行わなければならないからである。露米会社はそのうちに、ヨーロッパ各国の小規模な東インド会社が太刀打ちできなくなるような、重要な意義を持つことになるに違いない。以上が私の覚書の趣旨の概要である。

ロシアに到着するやいなや、この覚書を商業委員会会長のソイモノフ氏〔Soimonov, Fedor Ivanovich. 17692-1780〕に直接手渡したかったが、ペテルブルグに行く許可が得られなかった。そうこうするうち、ロシアで最も知性的な商業大臣であったソイモノフ氏が解雇されてしまい、ガガーリン公爵が後任となった。それでもなお私は覚書をソイモノフ氏に渡そうと決意し、彼の考えが私と一致すれば、私の提案を現実のものにするために彼が十分な影響力をもつに違いないと確信していた。ところが彼はペテルブルグを去り、ほどなくモスクワで死亡してしまった。そこでこの当時海軍大臣であったクシェレフ伯に私の覚書を提出することにし、彼とは個人的に紹介されることがなかったため、その要約を送ることにした。しかし彼がよこした返答は、私の計画が採用される望みをすべて奪うものであった。民間の人たちにも興味をひこうと努力したが、同様にうまくいかなかった。おそらく、かりに私がペテルブルグに短期滞在の許可を得られたとしても、民間人の興味を得ることはできなかっただろう。そしてついに、アレクサンドル一世〔Aleksandr. Pavlovich. 1777-1825〕が王位につき、そしてモルドヴィノフ提督〔Mordovinov. Nikolai. 1754-1945〕が間もなく海軍大臣の職に就いたのである。これは私の希望を再び呼び覚ます変化であった。私は時を移さず覚書を整理し、全面的に書き改めた。私の二年間におよぶロシア滞在は、私の目に多くの物事を開かせたが、実際には何事にも変化はなかった。

一八〇二年一月、覚書をモルドヴィノフ提督に送った。初めのうちは覚書の運命がどうなるか見当もつかなかったが、五月に入り、私の文書が提督の完全な賛同を得ることになり、その計画を直ちに実行するだろう、という返答を受け取ったのである。提督は覚書を現帝国宰相のロマンツォフ伯に伝えたが、宰相はちょうどガガーリン伯から商務大臣の職を引き継いだところであり、私の提案にも賛同を示した。そしてわがアメリカ貿易の改善に向けた提案項目は、彼の熱心な興味を沸き立たせた。ロマンツォフ伯およびモルドヴィノフ提督がかくも熱心に賛同を示してくれたことによって、実にこうした企画が極めて早く実現されることになったのだが、このことは計画が単に新奇なものであったため、当然ながら大きな非難や反対が起こることになった。私はここで、ロマンツォフ伯閣下について、航海の提案が決定された後、それが実行されることになったのは、実に彼のおかげであったことを特別に話しておかなければならない。彼が示した関心は、最後まで止むことはなかった。我々が航海から帰還した時、皇帝陛下に対し我々に賞与を与えるべく提案したのはロマンツォフ伯であった。その賞与は、我が慈愛に満ちた皇帝陛下によって特別な恩賞として、遠征隊員全員に授けられたのである。

＊ 両艦に乗艦した士官全員が一等級の昇進が与えられることになった。ナジェージダ号とネヴァ号両艦

の艦長には、第三級ウラジーミル勲章および、終身三千ルーブルの年金が与えられた。中尉および船医には一千ルーブルの年金。その他の士官たちにはそれぞれの等級に応じて支払われた。随行した科学者たちには終身三百ダカット貨の年金、そして船員たちには五十ないし七五ルーブルの年金のほかに、希望に応じて海上勤務を免除される許可を得ることになった。

私はここで私自身の名において、また私の下で勤務したすべての人たちの名において、公に謝意を表すること許されたいと思う。それと同時に皇帝陛下に対し、この航海記録を政府の費用によって出版さるべく命令を下された皇帝陛下に対し、劣らぬ感謝を捧げたいと思う。

ロマンツォフ伯およびモルドヴィノフ提督の両大臣によって、私の計画遂行が決定された後、それに関する報告が皇帝陛下に奏上され、陛下は私をペテルブルグに招致することを要請された。その招致は七月に行われ、私が到着して直ちに、モルドヴィノフ提督は、皇帝が私の計画を実行すべく確定したことを知らせてくれた。

＊　この同じ年の夏、ハンブルクに来ていたメイスターという名前のイギリス人がペテルブルグを訪れ、露米会社に採用されたく懇願してきた。彼の提案は、貨物を積んでアメリカの植民地に船舶を指揮するというものだった。さらに彼は船大工であり、会社の船舶の建造を請け負いたいと要望した。さらにまた、クリール諸島の一島であるウルップ島に設備を作ることを提案した。彼はそこで捕鯨業を行うために、自分自身が数年間船を指揮していた。捕鯨業の計画はその当時、露米会社も大いに乗り出していた。このイギリス人は露米会社の役員との間で長い交渉の後、夏にハンブルクに帰って行ったが、何の成果も得られ

なかった。このイギリス人が露米会社に大いに将来性を見ていただろうことは疑う余地がない。私が思うに、彼は企業家精神に富み、熟練した船乗りであり、そして優れた性格の男であったように見える。

私はモルドヴィノフ提督からの知らせを聞いたとき、少なからず驚いてしまった。なぜなら、実際自分の提案の実現はほとんどあきらめていたし、さらにこの目的のために私自身が選ばれることなど、まったく期待していなかったからだ。さて今度は、私がこの提案を受けるべきかどうか、ますます難しくなってきた。というのは、私は数か月前に愛する妻を迎え、最高に幸せな男になっており、近いうちに父親になる予定であった。私は、他のいかなる希望を達成することより、この現実的な幸福感を感じていた。職業上の環境は何の拘束を受けていなかったので、私は公務を辞し、残りの人生を安楽な隠遁生活を送ろうとしていたところだった。今やその幸福を退けなければならなくなったのだ。そして、私にとって極めて栄誉ある指名を受け入れようとするとき、私の感情は矛盾することになった。しかし宰相は、私が指名を拒否すべきではないことを望んでいるとはっきりと言った。そして、もし私が自分自身の計画を実行に移そうとしない場合には、すべてが完全に失敗に帰すだろうと断言した。私は祖国に身を捧げるつもりでいたし、それを実行した。航海を行うことを決断し、妻のことを思うと大きな悲しみと苦悩を感じた。わが愛する妻が、十二か月間、毎日涙を流すのを、どうして耐えられようか。祖国に対して役に立つという自覚は、常に私の願いであり、私の決断を忠実なものにした。航海を成功裏に遂行するという希望が私を勇気づけ、必要な準備を開始したのである。

第一章　世界周航の準備

遠征隊司令官の任命を受ける ― イギリスで艦船を購入 ― 日本への使節派遣決定 ― 艦船クロンシュタットに到着 ― ロシア皇帝艦船に来訪 ― 両艦碇泊地に投錨 ― 天文観測および航海術上の装備 ― 士官人名 ― 食料および衣料の選択 ― 商務大臣および海軍大臣の来訪 ― 艦上の様々な取り決め

一八〇二年八月七日、私はアメリカ北西岸に向けた遠征隊の司令官の任命を受けた。ロシア国民がこの遠征に対して熱狂的になったことはうれしかったが、同じ年に出発するよう期待されたことには少なからず驚いてしまった。私にとってそれは不可能に思えた。なぜなら二つの艦船がまだ準備されていないばかりか、それらをロシアで手に入れることはまったくできなかったからだ。艦船をハンブルクで購入し、前もって積荷をそこに送り、十月には出帆できるようにするとの提案がなされた。このあまりにも急速に準備を進めることは、この計画の成功を確実にするためにはまったく良くないように思われた。特に艦船の購入に関して必要な注意、また、航海途上の気候が恵まれるシーズンを選ぶことが極めて重要であった。こうした急ぎすぎの不利益を指摘した私の意見書を提出することによって、航海は翌年夏に延期されることになった。

もう一つの艦船の艦長を選出する課題が私に残されていた。我々の航海は非常に長期にわたり、なおかつ様々な性質をもつ遠征である。海軍士官によって指揮されるが、まさに、科学的目的がある程度は意図されており、主として商業貿易の発展を展望することであった。それらは単なる服務責任の感覚だけでなく、特別な思考方法および大いなる自己犠牲を必要とするものであった。人選にあたっては、あらゆる状況においても常に献身的、従順であり、利己的になることのない人物を選ぶ必要があった。こうした人物を、私はリシャンスキー大尉に期待したのだ。彼は、アメリカとの戦争の時期に私とともにイギリス艦隊に乗船して勤務し、熟練した海軍士官として認められていたのである。

航海が成功するか否かは、主に艦船が優良であるかどうかにかかっていたから、艦船の購入にあたっては最大の注意を払う必要があった。したがって、リシャンスキー大尉をハンブルクに派遣し、造船技師であり、相当な知識をもつ青年ラスーモフ氏を同行させた。一般的にはハンブルクでは艦船をいくつか見学できるということだったが、目的に適した船を一つも見つけることはできなかった。そのためそれ以上時間を浪費しないよう、彼らはロンドンに向かった。ロンドンは良質な艦船を購入するについて確実に検討することができる唯一の場所であった。そこでもあまりに急ぎすぎた取引を行うことがないよう注意が必要で、いくらか遅延が生じた。そして一八〇三年二月になってようやく、二隻の艦船について知らせを受けた。一隻は四百五十トン、築造から三年の船、もう一隻は三百七十トン、築造から十五か月の船で、合わせて一万七千スターリング・ポンドで購入された。この総額に加え、修繕に五千ポンドの費用がかかった。両艦の一隻はナジェージダ（希望）と命名され、もう一隻はネヴァと名付けられた。

一八〇三年一月、私は通常の居住地であるレヴェルを立ち、出帆の準備、様々な必要品の購入のためにペテルブルグに向かった。私の妻が同行したが、幼年の息子を残しておかなければならず、先のことを思うと辛く、別れはなおさら苦しい思いであった。首都には長くは滞在しなかった。なぜなら航海のそれまでの計画に加えて、まったく新しい企画が追加されたからであった。それは、日本への使節派遣である。一七九二年、エカテリーナ二世の治世下、こうした日本に向けた使節派遣が行われた。その派遣は予想に反して、日本の皇帝から好意的に受け入れられ、ロシア船が毎年通商目的で長崎に行くことを認める許可書が与えられて持ち帰ったのである。しかし、それは長崎のみで、かつ非武装の船に限られ、武装していれば敵意を示すものとみなされた。この不十分な結果は、いくつかの誤謬に原因があったとされ、それは主に使節の行動の儀礼に丁重さが不足していたことによるとされている。日本皇帝に宛てた書簡は女帝自らのものではなく、シベリア総督からであった。それは日本のプライドの高い君主に大きな恥をかかせることになった。彼らは、外国船に開かれた唯一の港である長崎には行かず、蝦夷の東海岸の港に行ったのである。使節のラクスマン(6)は位階が低く、その態度はあまりにも粗雑で、猜疑心の強い国民に対し好印象を与えることにはならなかった。外国人の判断するところによれば、日本人は内面的な価値よりも外面的な儀礼を重視する国民なのである。それから十年がたち、その間、日本皇帝からの許可状を行使することはなかった。アレクサンドル一世の治世下でのロシア商業の進展は、東洋諸国とのより親密な関係を結ぼうとしていた。そして、あらたな使節派遣が決定され、前回使節が陥った誤りを回避すべく注意が払われた。この問題で開かれた会議において、次のようなことが注視された。

＊ この会議には、次の面々が出席した。商務大臣ロマンツォフ伯爵、海軍大臣チチャゴフ提督（数か月前、モルドヴィノフ提督の後任に就任）、レザノフ卿、および露米会社役員。

すなわち、この使節派遣の遂行によって艦船の帰還は少なくとも一年は遅れるだろうこと、また、その結果遠征隊の商業的利益は減少するということ、皇帝は、両艦のうちの一隻を全面的に使節派遣のためにあて、皇帝自身の費用負担にすること、それと同時に、露米会社には詰め込めるだけ多くの商品を積載することを認めることを決定した。これは一つの恩恵であり、これによって会社は他の損失を十分償うことができた。長崎へは一隻の船だけしか行けなかったため、両艦はサンドイッチ諸島で別れることになった。ナジェージダ号は、日本への使節を運ぶことになり、それには二か月はかかるだろうと予想され、その後、冬をカムチャツカまたはカジャク島に向かい、一方ネヴァ号はアメリカ北西岸に直行し、同じ場所で越冬することになった。翌年の夏には、両艦は、最初の計画によれば、積荷を載せた後に広東を訪れ、その後ロシアに帰ることになっている。

レザノフ

序文で述べたレザノフ卿が日本宮廷に向けた特命使節に任命された。次いで彼は、直ちに聖アンナ勲章および侍従の称号を与えられた。日本君主およびその大臣たちの好意を得るために、高価な贈呈品が準備された。さらにまた、日本側の好意を確実なものにするために、一七九六年、アリューシャン列島に漂着した日本人で、キリスト教に改宗せず、帰国を望む者を幽閉地であるイルクーツクから呼び寄せることになった。レザノフ卿は、使節一行を盛大にするために、若干名の青年貴族を随行員に加えることの許可を得た。多くの青年たちが政府の費用でこの航海に参加しようとしたが私は、その目的が遊興であるとみなし、わが艦には科学調査の発展に貢献すべきスペースを用意しておきたかった。我が航海は南半球において長期滞在すること、そして博物学全般にわたる目的が、有用な人材の雇用、特に天文学者が必要と思われた。一学者である宮廷顧問ティレジウス氏は、その初期の著作によってよく知られ、昨年秋、当時ベルリンに住んでいたマントイフェル伯爵によって遠征隊に参加するよう推薦されたのである。ペテルブルグの芸術アカデミーの二人の画家が随行することになったが、そのうちの一人は、船内が狭いため同行させることはできなかった。こうした事情の中で私は敢えて、天文学者を指名することを申請した。ロマンツォフ伯爵は科学的研究に称賛に価すべき熱意をもっており、有名なゼーベルク天文台の館長であるツァッハ男爵〔Franz von Zach. 1754-1832〕に直ちに書簡を送り、彼は提案を受けて間もなく門下の研究者の一人、スイス生まれのホルネル博士を推薦してきた。この優秀な人材を選択してくれたことに対し、厚い感謝の意を表することを許されるだろうし、随行してくれた彼はわが友として、常に誇りをもつことであろう。

一八〇三年六月五日、航海に向けた両艦がクロンシュタットに到着した。私は急いで両艦の点検に向かい、その構造も、また内部の設備も優秀であることを確かめた。レザノフ大使は、極めて大勢の随行者を連れてきたため、乗船する船を両艦のうちの大型艦であるナジェージダ号を選んだ。すでにイギリスで修理が行われていたにもかかわらず、古い二本のマストおよびすべての索具装置を取り換える必要があることが分かった。その修繕費用は相当な時間と作業が必要であった。そして当時の軍港司令官メソエドフ、および彼の副官ビュチェンスコイ船長の友情支援があった。彼らは間断なく注意を払ってくれ、クロンシュタット港内で長時間過ごさざるをえなかったとはいえ、彼らの援助がなかったならばすべての作業を完了させることはできなかっただろう。当然のことながら、この二人の人物に対する感謝の意を公にしなければならない。

七月六日、ナジェージダ号、ネヴァ号(7)の両艦を、数日中に出帆させることを期待して、停泊地に運航させる指令を出すことができた。しかし、これより先、クロンシュタットで初めて皇帝陛下をお迎えすることができたのである。陛下の訪問の目的は、ロシア国旗を掲げ、初めて世界周航を目指す両艦を視察することであった。この出来事は、ロシアにおける百年間の発展の後の、アレクサンドル一世の治世においてのことである。皇帝は二檣帆船を降り、その最初の一歩を両艦に歩み出たのである。陛下はあらゆるものに大きな興味を示され、両艦そのものだけでなく、航海のためにイギリスから運ばれてきた様々な物にたいへん満足された。指揮官たちと歓談され、艦上で進められている作業を喜びをもってしばし眺められた。私は、陛下に対し感謝の念を示す機会を与えられたことを特別に幸運なことと自覚した。そして陛下が私に対して示された特別なる寛大さに対して感謝の思いを表明することになった。陛下は寛大にも、向こう十二年間、年一五〇〇ルーブルの額の報酬を私の妻に与えることを命ぜられ、陛下自ら表明されたとおり、それは私の不在の間、家族の安心のためにまったく心配することがないようにとのことであった。これは私を驚かせた陛下の温情ある行いであり、陛下がいかに我が妻に対して恩恵を与えるべく感じていたことの証であり、私自身に与えられるよりはるかにありがたいことであった。

前述のとおり、リシャンスキー艦長は両艦の購入に当たったが、合わせて極めて長期にわたる航海に必要なあらゆる備品を調達したのである。なかでも壊血病対策の最良の予防品を十分な量入手していた。例えば、携行用スープ、モルト(麦芽)のエキス、樅またはトウヒのエキス、乾燥した酵母菌、辛子などである。さらにまた最良の治療薬を用意してあったが、そのリストは我が艦の船医であるエスペンベルク先生が、イギリスに滞在していたリシャンスキー氏あてに送っていたのだ。私は六個の時計と、天文観測およびその他の理学器材の完全な揃いを予約していた。六個の航海用時計のうち四個はアーノルド〔Arnold & Son ロンドンの時計製作会社〕製で、二個はペニングトン製であった。これらは私が直接ペテルブルグに運び、アカデミー会員である私の尊敬する友人シューベルト氏に送ったものだが、彼は非常に親切にも計器の検査、修正を引き受けてくれたのだ。彼はその優れた研究論文によって世界の最高の科学の一部門に貢献したのであるが、大切な時間を費やさせたことを大いに感謝しなければならない。天文観測器具はすべてトロートン製〔Edward Troughton. 1753-1835. 望遠鏡など、イギリスの天文観測器具製作者〕であり、直径十二インチの反射円鏡、スライドするノギス〔メンドザの微細游尺〕、各艦に十インチの六分儀とその台座、人工水平儀二個、経緯儀一個、方位羅針盤二個、海上晴雨計一個、湿度計一個、寒暖計、人工磁儀などで構成されていた。木星の惑星の蝕を地上で観測する三脚付きのアクロマートなどを予約しておいたが、それらは送られてこなかった。不足した分はイギリスで補充した。ホルネル氏がハンブルクから持ってきた器具、またはその後イギリスで入手したものは次の通りである。

携行用望遠鏡（十秒間の天体面通過測定の天体観測儀を附属）
トロートン製十インチ六分儀
ストップウォッチ
ツァッハ氏の振り子器具（銀製二重ピン、測微計ビームコンパス附属）
常時振り子付きの別の器具
アダムズ製天体観測四分儀（半径一・五フィート、水平・垂直用九十及び九十六分割）
トロートン製三フィート・トランジット望遠鏡
ブロックバンク木製棒振り子時計
寒暖計（シックス発明、観測者不在間の最高・最低温度を表示、海水面下温度測定の補助器具、ロ

シア人技師シェシューリンが作製、チチャゴフ提督から受領）
トロートン製携行気圧計
ソシュール製電位計
ド・リュック製湿度測定器
トロートン製アエロメーター（空気の重量・密度を測定）
測量羅針儀二個

必要な海図、良く選書された書庫、これらに関してはこれ以上望むものは何もなかた。しかし何よりも最大の宝物は、ツァッハ男爵の寛容さに負うところのものだが、ビュルクによる太陰距離表の完全な写しであった。これはフランスの国立研究所において第一執政官賞を受領したものだ。わが遠征隊が最初に使用するために用意されており、その年の四月に至るまでの改訂がなされていた。その驚くべき精度によって、我々は数秒のうちに経度を測定することができたのである。一方メーソンの太陰距離表によって計算された天文歴時は、最高に精密な観測においても、一度近くの誤差が生じたのである。

ここで両艦の艤装について若干述べておくのも蛇足ではないだろう。なぜならこれらはロシアにおいて初めて行われた性質のものだからだ。この冒頭の著述において、恐らく一般読者には興味を引かないかもしれないが、常に述べておく価値のある物事があるのだ。

士官と乗組員の選抜は、すべて私に一任された。したがって私の希望に沿って人選することが容易であった。我が第一副官としてラトマノフ爵士を選んだ。彼は十四年間にわたり現在の位官で勤務し、ほとんど軍艦の司令官として働いてきた。先のフランスとの敵対行動においては、その勇気ある行動を際立たせ、聖アンナ第二等勲章が与えられていた。第二副官としてロンベルグ卿を選んだが、彼は一八〇一年私が指揮したフリゲート艦ナルヴァ号に乗船し、私は彼の熟練度についてよく知っていた。第三副官の名前は、ゴロヴァチョフであり、それまで直接会ったことはなかったが、彼をこの航海に選んだ。彼は広い評価を得ており、我が航海の帰路においてセント・ヘレナ島での遭難時に至るまで、彼を推挙したことに何ら後悔することはなかった。レーヴェンシュテルン卿は、わが第四副官であった。彼はイギリスに六年間滞在し、地中海においてハンニコフ、カルツォフ、ウシャコフの各提督の指揮の下で勤務後、最近軍務を離れていた。戦争終結後、平和時の単調な勤務はかれの活動的な性格にはなんら興味がなく、彼はロシアを離れ、フランスに勤務した。それから彼は我が航海のことが知らされるやいなや急ぎロシアに戻り、我が航海に随行すべく提案をベルリンにて接した。彼は尊敬すべき、また教養ある性格に加え、広範囲で深い専門知識を備えていた。第五副官に選んだビリングスハウゼン男爵は、ゴロヴァチョフ副官と同様、それまで一度も面会したことはなかった。彼はさまざまな航海部門において技量と深い知識を持つことで知られており、それが完全に正しいことが分かったので、同行を提案することになった。

　我が艦の船医としてエスペンベルク博士を選んだ。私と彼とは長い間の友人であり、彼が航海に参加することになったのは、ただその友情にあったことと言えるだろう。私は彼の優れた医術をよく知っており、船員たちの健康を維持するための私の努力において、かれから非常に旺盛な助力を得たのであった。もう一つの艦ネヴァ号の船医として、ラバント博士を選んだ。彼はペテルブルグにおいて、該博な知識と温和な性格の人物として私の友人から推薦されていた。かれはその人格の質を航海中遺憾なく証明し、両艦がしばしば別れ別れになったことが悔やまれたのである。大学評議員のコッツェブー氏は、士官候補生として教育を受けていた自分の息子二人を私に同行させたがっていた。彼はこのことを皇帝に請願し、直ちに同意を受けた。十四歳と十五歳の年齢の若い息子たちを、大変危険な航海に参加させることは辛かったに違いないが、結果は父親の愛情の犠牲に対して十分報いるものであった。彼らはこの遠征において非常に多くのことを学び、成長を遂げ、大いに知識を得た青年として戻ってきたのである。

わが乗組員は全部で五十二名、そのうち三十名は若くて元気な水夫であり、遠征計画の当初に採用を希望してきた人たちであった。そのうち二名は、出帆直前に除外せざるをえなかった。一人は壊血病の兆候が現れており、もう一人は結婚後およそ四か月で、妻と分かれることを思い、深い失望におちいっていた。実際私は、妻を養うために百二十ルーブルの年俸を与えることを進めており、その上彼は非常に良い健康状態であった。にもかかわらず私は彼を帰すことにした。なぜなら、今回のような航海においては、満足感と快活な精神が極めて必要であると判断したからである。私はまた、今回の遠征においては、いかなる強制があるべきでないことを願ったのである。

水夫たち全員に衣類および下着類が十分に配給され、それらの大部分は私がイギリスから注文したものであった。その上に、マットレス、枕、シーツ、上掛け布団が各人に渡るようにした。そしてなお、用心のために必要な物資として、相当な量の衣類、下着類を追加供給させた。食糧の貯蔵は全体として大変に良好な状態であった。ペテルブルグで小麦粉から製造したビスケットは二年間、無傷で保存できた。塩漬け肉は一部ハンブルクで、残りはペテルブルグで塩漬けにされたものだった。ペテルブルグ製は特に良質で、航海中の全期間において腐ることはなかった。これはロシア製の塩で加工された塩漬け肉で、どのような気候であっても三年間保存でき、製造者には感謝しなければならないが、その名前は確かに記憶されるべきである。製造者は、オブロムコフと呼ばれる。携行したバターの量は少なかったが、熱帯地方では保存ができないし、かび臭くなると健康に有害であった。その代わりに相当量のお茶と砂糖を用意した。乗組員たちの健康と壊血病防止のために、効果のある飲み物として常用するよう気遣ったのだ。また、健康維持のために、ザウアークラウトとコケモモジュースが大変有効であることを期待した。こうした面での航海準備が行われ、私は十分に満足できた。しかし少なからず残念だったのは、航海中に船荷を積み替える際の貯蔵樽の選択について十分な注意が払われなかったことが分かったことだ。その結果、大量の食料が腐敗してしまったのだ。特に残念だったのは、ザウアークラウトを失ったことで、三分の二近くを海中に投棄しなければならなかったのだ。さらに大部分のビスケットを嚢に詰め込む必要があったが、樽を置いておく部屋が無く、このように嚢に詰め込まれた状態では長期間保存することは不可能であった。

船の艤装に当たっては、航海の様々な目的のための準備をする必要があり、その組み合せは多くの不都合を生じさせた。艦はまさに皇帝に所属するものであり、日本使節のために定められたものであった。しかしそれと同時に、露米会社に対しても、商品を荷積みすることが許されたのだ。この積荷について、また日本向けの多くの贈呈品のことについて、私は事前に告知されることがなかった。特に日本向け贈呈品に関しては、最後の最後まで知らされずにいた。私はすでに停泊地に出港していたが、その時にも貨物がさらに到着し、どのように貯蔵すべきか少なからず困ってしまった。何らかの処置をせざるをえず、最終的には、極めて悪い結果になることと思われたが、九か月分必要な肉とビスケット、および相当な量の索類を降ろさなければならなくなった。それにもかかわらず、艦は荷重に積載され、嵐の際には著しく困難になるだろうと思われた。もしもこうした商品の全体、艦の食料品、日本への贈呈品がより早くクロンシュタットに送られてきたならば、運送船の到着次第、どれくらい積荷が適当であるか、容易に計算できただろう。ところが、貨物はペテルブルグから徐々に送られてきたのである。また、常に吹いていた西寄りの風によって、その運搬に相当な遅れが生じることになった。実に、積荷の積み替えが原因である厄介な事態を矯正しなければならず、後に分かったことであるが、必要以上に時間を費やし、三週間も停泊地に留まることになったのだ。レザノフ大使は毎日来ることになっていたため、コペンハーゲンでも積み替える時間はあるだろうと思われた。コペンハーゲンでは私は何があろうとも、積荷を改め、そこで入手することになっている八十パンチョン〔一パンチョンは大樽一杯の糧〕のブランデーのための部屋を用意する必要があった。

この間、停泊地に停滞中、ペテルブルグから頻繁に来客があった。その多くが、艦が極めて過重積載であること、極めて長期の航海をするにしては、乗組員の半分が失われる危険が露呈され、準備が少なすぎることを感じて驚いていたのである。また皇帝も我々の状況について長い間知らないでいたようだ。商務大臣と海軍大臣が陛下の指示により、我々がより快適さ、安全性を確保できるよう、両艦を視察するよう命ぜられた。両大臣は八月二日に到着し、艦が過重積載であり、私が必要と思った荷物をコペンハーゲンで降ろすよう命令した。さらに収容設備が不足していることを鑑み（士官が二十五名を超えていた）、大使に随行する侍従志願者五名が降ろされることが決定された。しかし志願者たちの航海参加の熱意は非常に大きく、あらゆる不便を喜んで我慢をするから、正規の人たちと区別されるべきではないと主張した。私にとっては、教育を受けた多くの青年たちを除外することは実に悲しむべきことであった。こうしたことがあったが、艦は非常に混雑し、すでに我が乗組員は非常に小さくなってしまうかもしれないが、他の人たちの便利を確保するために、数名を降ろすことになったのである。こうした調整の後、出帆の準備が完了したと見なし、またリシャンスキー艦長に分かれの合図を出し、航海に関すること、両艦が別れ別れになった場合の集合場所について指示した。こうして今や出航に向けて順風を待つだけになった。

七月二十日、航海用時計を受け取った。それまでアカデミーにおける観測に一か月かかっており、皇帝諮問委員のシューベルト氏が、太陽の絶頂点と様々な星の位置を毎日比較していた。

ロシア国旗の下、こうした長期の航海を敢行する人々の名前を述べておくことは私の義務と考えている。ロシアにおいてはこの遠征は前代未聞のことであり、このような冒険航海は大きな熱狂を吹き込みそうなものである。さらに、世界周航、数年間の遠征という航海がすでに普通のことになっている国と違って、多くの不安や恐怖の念を呼び起こした。太平洋におけるロシア人の最長の航海でも、いまだ熱帯地方までは一度も到達していなかった。我々は今や、北半球の北緯六十度、そして南半球の同じ緯度にまで到達する展望をもっている。喜望峰周辺の暴風雨、赤道の灼熱の天気、これらについて正確な知識を得る術がない人々には、大きな不安があっただろう。それでも航海参加志願者は非常に多く、私にとって数隻の大型艦をロシア海軍の優秀な水夫たちでいっぱいにすることは容易いことであったと思われる。乗組員のなかに外国人を数名参加させるよう忠告を受けていたが、私はロシア人水夫の魂を十分知っており、そうした主張を聞き入れるより、イギリス人、他の外国人よりもロシア人を優先した。ホルネル、ティレジウス、ラングスドルフ、およびラバントの各氏を除き、両艦には一人の外国人も乗り組んでいなかった。

ナジェージダ号
艦長　クルーゼンシュテルン大尉　遠征隊長
マカーリー・ラトマノフ　第一副官
フョードル・ロムベルグ　第二副官
ピョートル・ゴロヴァチョフ　第三副官
ヘルマン・レーヴェンシュテルン　第四副官
ビリングスハウゼン男爵　第五副官
フィリップ・カメンシュチコフ　第一操縦士
ワシリー・スポロホフ　第二操縦士
カール・エスペンベルク　第一船医
イヴァン・シドハム　外科医
ホルネル博士　天文学者
ティレジウス博士　博物学者
ラングスドルフ博士　博物学者　一八〇五年六月二六日アメリカ北西岸探検で離艦
オットー・コツェブー　士官候補生
モリッツ・コツェブー　士官候補生
アレクセイ・ラエフスコイ　砲兵軍曹
乗組書記一名　製帆工一名　大工二名　填隙工二名　桶工一名
銃工一名　水夫長一名　舵取り四名　砲手二名　水夫三十名
料理人一名　従僕二名　合計　六四名

ネヴァ号
艦長　リシャンスキー大尉
パヴェル・アルブソフ　第一副官
ピョートル・ポヴァリシン　第二副官
フョドル・コヴェデエフ　第三副官
ワシリー・ベルグ　第四副官
ダニラ・カリニン　第一操縦士
ラバント博士　第一船医
ピョートル・コラビツィン　露米会社事務員
ネヴァ号の乗組員は以上の士官のほかに四六人で構成

日本に向けた大使、枢密院議員侍従レザノフ閣下及び随行員（ナジェージダ号乗船）
ヘルマン・フリーデリチ　参謀本部陸軍少佐
フョードル・トルストイ伯爵　近衛陸軍中尉
フョードル・フォッセ　宮廷顧問官
シュテファン・クルランゾフ　アカデミー画家
ブリンキン博士　医者および植物学者
フォードル・シェメリン　露米会社事務員
猟夫一名、料理人一名、従僕一名、五人の日本人、アメリカ北西岸入植者六人
合計　ナジェージダ号　八五名　　ネヴァ号　五四名

フリーデリチ少佐を除き、大使に随行の侍従は全員一八〇五年にカムチャツカで艦を去り、陸路でペテルブルグに帰還。

八月四日（新暦、私は常にこれを使う）東風に変わった。私は直ちに抜錨の指令を出した。しかし二時間もたたないうちに風は西風に変わり、七日まで強風となった。そしてようやくクロンシュタットを離れることができる時が来た。今や私の前には、愛する妻に分かれを告げるという辛い仕事が待っていた。私は彼女を友人たちの友情の腕の中に残した。私は大切な家族のために十分な恩返しをすることは決してできないだろう。クロンシュタットに滞在中、友人たちは私や悲しむ妻のためにこの上ない友情を示してくれ、優しく受け入れてくれたのである。

リシャンスキー

ラングスドルフ

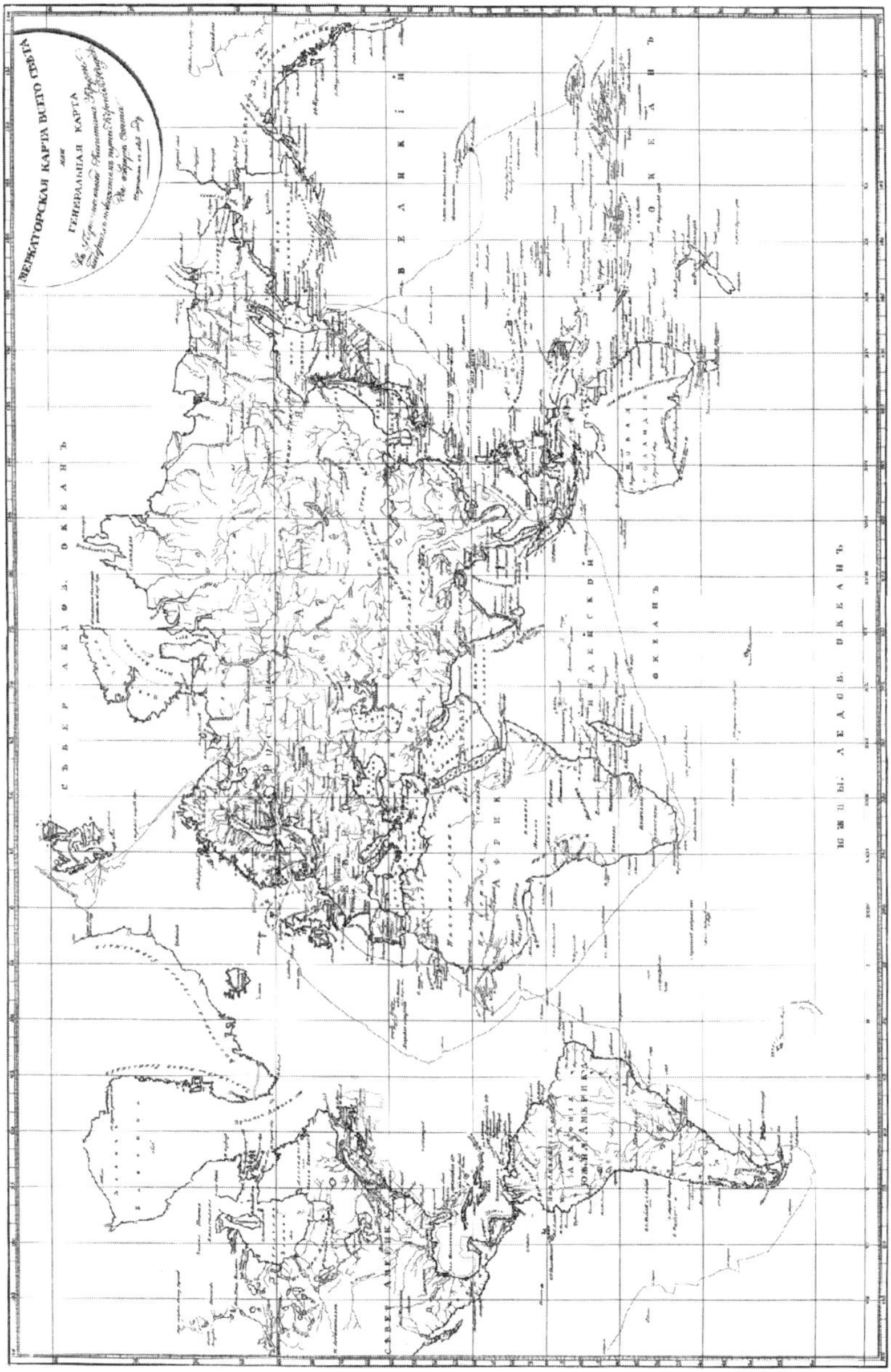

艦長クルーゼンシュテルンのナジェージダ号世界周航図

第二章　カムチャツカ滞在、日本に向け出発

ペトロ・パヴロフスク港における艦上の業務 ― 航海継続の不安 ― ニジニ・カムチャツクよりシベリア提督到着 ― 航海継続を決定 ― 使節随行員の変更 ― ナジェージダ号カムチャツカを出発 ― クリール諸島緯度圏における暴風雨 ― 艦船に漏水発生 ― 古地図上に描かれた日本の東海上の群島は存在せず ― コルネット船長 ― ファン・ディーメン海峡 ― 日本の海岸を見る ― 大暴風、続く猛烈な台風 ― 再度日本海岸に接近、ファン・ディーメンを通航 ― 諸海峡およびその諸島について ― 長崎港の入口に投錨

ペトロ・パヴロフスク港においては、カムチャツカ総督〔コシェレフ〕に会うことはできなかった。彼は通常、そこからおよそ七百ヴェルスタ〔露量、約七百五十㎞〕離れたニジニ・カムチャツクに居住している。我々にとって彼の存在は重要なことであったので、大使は直ちに至急便を送り、速やかに一個中隊を連れてペトロ・パヴロフスクに来るよう要請した。しかし、一か月以内に到着する見込みはなかった。その間、ペトロ・パヴロフスクの指揮官であるクルプスコイ陸軍少佐が自身の権限において、我々のためにあらゆることで尽力し、奉仕してくれたのである。レザノフ大使のために自分の家の一室を提供し、我が乗組員たちにパンを焼き、また毎日、艦に魚を供給するよう命令を出した。五か月半の航海にあっては新鮮な食糧無しに過ごさなければならなかったので、貪るようにして食べた。それは同じような状況におかれた人でなければ、想像がつかないだろう。艦は直ちに艤装を解き、索具など、すべての物資が陸揚げされた。艦は、五十尋〔約九十メートル〕も遠くない所に繋留された。長期の航海を経て、全部の帆および索具は完全に修理するか、新しい物に取り換える必要があった。ク

ロンシュタット出港時にカムチャツカ向けに積み込まれたすべての物資、商品類も陸揚げされた。艦上には六千プード〔露量、一プードは四十ポンド〕の重量の鉄だけ残され、陸揚げしなかった。あまりにも時間がかかり過ぎることを懸念したからである。

何もかも、できるだけ急ぐ必要があった。その最大の理由は、北東モンスーンの時期が始まる前に長崎に到着するためで、遅くとも二週間以内にカムチャツカを出帆したかった。我々のペトロ・パヴロフスク滞在は六週間を超え、その後半の三週間は何もすることもなく過ごし、航海を続けるべきかどうかも非常に不確かであった。もしそれらを予測できたのであれば、疑問の余地なく鉄も陸揚げしただろうし、その後に大急ぎでバラスト〔底荷〕を積み込まなければならなかっただろう。日本皇帝向けの贈呈品のほとんど全部、特に鉄製の加工品は陸揚げされた。レザノフ大使がそれらの保存状態を自ら確かめたかったからだ。バラストを運搬する船が欲しかったので、例のクルプスコイ司令官は、二艘の古いボートを我々に貸し出してくれた。それらは、かつてビリングスの艦、スラーヴァ・ロシイ号に所属するものであったが、同艦は不注意にもペトロ・パヴロフスク港で沈没してしまったのである。

海上から見たペトロ・パヴロフスク港の風景

ペトロ・パヴロフスク港の風景・記念碑（レザノフとコシェレフ）

八月十二日、カムチャツカ総督コシェレフが、副官として行動する彼の弟を伴って到着した。また、レザノフ卿の請求によってフョードロフ陸軍大尉が六十人の兵士を連れてやってきた。

＊　カムチャツカにおける旅行の事情を考えると、六十人もの兵士を七百ヴェルスタもの距離を大急ぎで移動するということがいかに困難か、それは容易に想像がつくだろう。しかし、極めて重要な目的のために、これらの兵士をペトロ・パヴロフスクに来させなければならなかったのであり、そうした困難さを考慮することはできなかったのである。

そして、我々はフョードロフ大尉の到着後の一週間のうちに出帆すべきことが決定された。コシェレフ総督は、我々がペトロ・パヴロフスク滞在中、必要とすることすべてに援助するためにここに留まっていてくれた。この行動的で好意的な男の存在に限りなく感謝したのである。我が大使の随行員の人員に多少の変更が行われた。皇帝陛下の近衛陸軍中尉のトルストイ伯爵、大使付きの医師ブリンキン博士、そして遠征隊の画家として従事してきたクルランゾフ氏が艦を去り、そこからペテルブルグに向け出立した。彼らに代わって、カムチャツカ大隊のフョードロフ大尉、総督の弟コシェレフ中尉が使節の侍従として随行することになった。レザノフ大使はペテルブルグから儀仗兵を連れてきていなかったので、ここで八名の兵士を選び、彼らは日本から戻って来た時にカムチャツカに残されることになった。同じく、通訳として行動してきた日本人キセリョフ〔善六〕は、日本に連れて行かず、ここに残されることが決まった。カムチャツカ滞在中、彼の態度行動は適切ではなく、その上、他の日本人たちから嫌われていたからである。レザノフ大使はまた、彼がすでにキリスト教に改宗しており、日本に到着した時、日本人たちが間違いなくこのことを知ることになれば、彼らは極めて感情を害するだろうと考えたのである。さらにヌクヒヴァ島から連れてきたフランス人の野人もまた、カムチャツカに残すことになった。

エスペンベルグ医師も同じ意見だったが、私は錠前士も残していくべきと願った。彼の健康状態は危険な状況にあると思えたのである。彼はそれまで航海中非常に良好であったが、明らかに肺病の兆候があった。その症状はますます顕著になり、それは彼の不摂生によるものだった。そしてブラジルを通過する際の暑い気候によって、特に弱体化したのである。カムチャツカに到着してからの彼の不摂生により、すぐに非常に危険な病状が襲った。日本に向けて出発する頃には、ある程度は回復したが、また新たな飲酒によって病気が再発するのではないかと心配であった。また、日本滞在中に彼を注意深く見守ることができるかどうか、確信をもてなかった。こうした理由から、私はペテルブルグに帰すほうがいいと思った。しかし彼は、陸路で帰るよりも、船の上で仲間たちの間で死んだ方がましだと、はっきりと宣言した。彼はまた、もう二度と酒に溺れることはない、と厳しく誓ったので、ひき続き艦に置いておくことになった。そして残りの航海において一度も約束を破ることなく、完全に健康を回復してヨーロッパに戻ったのである。

八月二十九日、艦は準備万端、出帆の用意が整った。そして三十日、ペトロ・パヴロフスク港を出航し、アワチャ湾内の波止場から半マイル程の場所に錨を降ろした。翌日、総督と守備隊の士官たちとともに艦上で夕食を共にした。私は総督をその地位に相応しい態度で迎え入れた。さらに喜ばしいことに、この敬意の念を示したことが、この人物が我々の尊敬、感謝、そして考慮に値することを物語っている。

これより九月六日まで常に深い霧と雨、南風、南東風、東風と非常に変化に富んだ風が吹く天気が続き、コンパスは一時間のうちに南と東の間のあらゆる方向を示していた。こうしてここでの停滞は愉快ではなかったが、ある程度は報われることがあった。それはニジニ・カムチャツスクからの食糧の供給が届けられたことだ。総督が軍曹と六頭の馬を率いた二人のコサック兵を派遣し、冬の間自分の家族のために保存しておいた食料を届けてくれたのである。こうすることによって総督は自分の所有する物すべてを自ら奪うことになったのである。なぜなら我々に届けられた食料の多くは、補充がきかなかった物だからだ。そして補充できたわずかな食糧は量が少なく、あるいは質の落ちるものだった。それだけでなく、総督はヴェルフノイ・カムチャツクへ三頭の公有の牡牛と彼自身の所有である二頭の牡牛を送ってよこしたのである。これはカムチャツカでは極めて稀な角をもつ牛であることを考えると、たいへんな価値のある贈物なのだ。ペトロ・パヴロフスクから四百ヴェルスタ、さらにニジニ・カムチャツクまでの七百ヴェルスタ、あるいは百ドイツマイルの距離を考えると、全速力で走っても少なくとも二十日間はかかるのである。私は総督の高貴な自己犠牲の精神、または我々に対する厚意のいずれかを最も賞賛すべきなのか分からない。彼は自分の権限で、我々に提供するあらゆる物を手に入れ、輸送にどれくらいの距離があるかを顧みず、労を惜しまなかったのである。ましてや、我々が食糧の到着を待てるかどうか不確実であったにもかかわらず、また輸送には多大な困難があるにもかかわらず、貯蔵食糧を送ることを思いとどまることはなかったのである。季節も遅くなってきており、私は日本に向けた航海にできるだけ早く出発したかった。そして我々は逆風が吹き続けていただけのために出帆を延期していたのであったが、それについては総督が非常に適切な計算を行い、彼の軍曹、セミョーノフを特別に大急ぎで派遣し、我々の出発前の十七日間のうちに、食料を届けてくれたのである。

ペトロ・パヴロフスクの港から、我々ほど十分に食料を備蓄して出帆した船は、いまだかつてなかっただろうと思う。カムチャツカではどのようなものが供給可能なのかを示すために、提供された主な物を述べておこう。七頭の生きた牡牛、相当量の高品質の塩漬けまたは乾燥魚、これらはニジニ・カムチャツクでのみ入手できる物だ。ヴェルフノイから届いた大量の野菜、乗組員のための塩漬け魚を数樽、大樽のニンニク三樽、これはカムチャツカではチェリョームシャと呼ばれている。これは壊血病防止のために最高だろうし、またザウアークラウトの素晴らしい代替品であると思う。このニンニクを保存する水は、毎日新鮮な水と取り換えるのだが、健康に良く、なかなかの味の飲み物なのである。その他、我らの食卓向けに珍味をいくつか受け取ったのである。例えば、塩漬けのトナカイ、猟で捕獲した獲物の肉、ヤギ、野生の羊、塩漬けのガチョウなどだ。これらはすべて総督のお陰であり、こうした表現が許されるのであれば、我々のためにカムチャツカのすべてを我々のために利用してくれたのだ。なぜかと言えば、総督が到着するまでは魚以外には何も入手できなかったからである。

九月六日、風向きが北西に変わり、これによって我々は帆を揚げたのである。その時総督は我が艦に早速到来し、無事の航海を祈ったのである。艦が出帆するやいなや、要塞から十三発の礼砲が発射され、我々は同じ数の返礼の砲を発射した。風は非常に穏やかで、我々はようやくにして引き潮と二艘のボートの助けを借りて前進した。昼頃に満ち潮になり、アワチャ湾から海に出るまでの水路の瀬戸口では、水深七尋まで投錨しなければならなかった。満ち潮とともに風が南東に変わり、さわやかな風が濃い霧と雨をともなって吹き出した。午後になって水路の海岸の水深を測るために二人の士官を送り出し、その結果クック船長がアワチャ湾の海図に示した水深が完全に正確であることを知った。実にその海図全体が、隣接する三つの港と同様、これ以上ない正確さで描かれているのだ。

翌朝七時、北から穏やかなそよ風が吹き出し、我々は風が強まるなかで水路を航行し、九時ごろにそれを後にした。最初に南東、それから南南東、その後、南、東へと舵を切ったが、南東から大きなうねりが来て、少し押し戻された。風は非常に清々しく吹き続け、これまでと同じように霧と絶え間ない雨が降り続いた。十一時ごろ、スタリチコフの小さな島が北西方向八十度に位置し、海峡の入口北西二十度の方向に東側の岬が見えた。その後すぐに濃い霧が陸地を覆い隠し、十二時ごろにはまったく見えなくなった。夕方六時に北西に位置するポヴォロトノイ岬が姿を現したが、濃い霧のために一瞬だけしか見ることができなかった。夜を通して涼しく強い風が東からの強いうねりを伴って吹いた。そして翌朝、風はさらに穏やかになったが、波はそれまでになく高くなった。季節が遅くなってきており、また、本航海の特別な目的があるために、できるだけ早く日本の南東海岸に到着する方法のほかに何も考えられなかった。ともあれ、私の従来からの計画に従って、クラーク船長とゴア船長のコースの中間を直接航路にとることにした。日本の海岸に近づき始めて、通過した最初の線は、北緯三十六度、西経二百十四度であった。

既に述べたように、ペトロ・パヴロフスク港に停泊していた時はすべて、常に濃い霧が伴って霧雨が降り続いていた。また、出発する最初の数日間も、こうした天気であった。およそ十日間にわたってみることができなかった太陽がついに姿を現し、ほんのわずかな時間であったが、我々はすっかり湿ってしまったベッドや衣類を乾かすことができた。十一日の朝、強い東風が吹き出し、間もなく嵐になり、午後五時ごろに最高潮に達した。波が極めて高くなった。深夜になり嵐はやや収まったが、翌朝まで止むことはなかった。昼になって再び穏やかになり、その直後には北からの優しいそよ風が吹き出し、徐々に風は強くなった。最初はその風を利用することができず、東からの大きなうねりのために、全部の帆を揚げることができなかった。直前の嵐の間、艦は相当な量の水を受けることになり、ポンプを常に稼働させなければならなかった。艦はカムチャツカ滞在中に水漏れ防止の処置を注意深く施してあったので、あらたな水漏れは銅板の下までであったようで、長崎でさらに詳しく調べたところ、このことが分かった。この日、数頭のクジラと夥しい数の陸鳥や海鳥を見た。鳥の中には数羽が艦上に落ちてきて、非常に疲労しており、船員たちが捕まえた。我々はこの時北緯四十五度にいたが、ゴア船長も同緯度線上にいて、やや陸に近いところで数羽の陸鳥を見た。それで彼はクリール諸島の近くであることを想像したのであった。

カムチャツカを出発して以来、ほとんど常に嵐の天気が続き、特に十一日には、ポンプを使って排水し続けなければならなかったが、牡牛の残りの四頭を殺さざるをえなくなった。艦の激しい揺れによって苦しみ、回復する望みがほとんどなかったのだ。

十五日の昼、太陽が姿を現したが、二、三時間だけであった。観測によると、北緯三十九度五十七分二十九秒、西経二百一度七分三十秒であった。気温が大きく変化していることに気が付き始めた。水銀柱はそれまで八ないし九度のみを示していたが、今や十五度ないし十六度に上がった。十六日の夕方、初めてコンパスの偏差を観測した。二セットは、一度七分から二度三十分、平均値が東一度四十八分三十秒を示していた。その時我々の位置は、北緯三十八度四十分、西経二百九度二十五分だった。艦の揺れが非常に大きく、コンパスの磁針の俯角を正確に把握することができなかった。そしてホルネル博士が可能にした唯一のこの種の観測は、北緯四十八度三十分、西経二百一度四十分の地点で、その時彼は、北への俯角を五十九分三十秒であることを発見した。

再び嵐が吹き出し始め、雨が絶え間なく降り続けた。風は北東からで、波が激しく押し寄せた。我々の航海は毎時八ノットないし九ノット以下で航行することはほとんどなかったので、この天候は航行には幸いしたが、我々にとっては非常に困難でもあった。完全な順風に乗っての高速の航行によって、海水が船倉に一時間のうちに十インチから十二インチまで増水し続けた。しかし、横風の際にはせいぜい五ないし六インチ以上になることは滅多になく、このことから、主な漏水は艦の前面からのものであると推測した。

ラペルーズの航海図には、名前のない四つの群島があり、その最北端の島は北緯三十七度、パリ標準の東経百四十三度、またはグリニッチ標準の西経二百十四度二十分に位置する。そして「火山島」という名のかなりの大きさの島が北緯三十五度、西経二百十四度にあり、その南の方面にいくつか小さな島が存在している。スペインのガレオン船〔三層甲板大帆船〕ヌエストラ・セノョラ・デ・カバダンゴで航海したアンソン卿が発見し、改良されて出版された海図には、Islas nuevas del Ano 1716「一七一六年の新島」および、Islas de Ano 1664「一六六四年の島」という名前の二つの群島がある（この海図では北端の島が北緯三十五度四十五分、サン・ベルナディノの東一九度、または西経二百一六度三十分に位置し、もう一つは北緯三十五度、同じ子午線に位置する）。そしてこの二つの群島の真南、北緯三十四度十五分に「火山島」と呼ばれるもう一つの島がある。そして北緯三十三度には、さらに東に二度近いところにPena de los picosペニャ・デ・ロス・ピコスという名の島があり、またBayroバイロという岩礁が記載されている。アロウスミスの海図は、これらの諸島の存在を信用していないようで、彼の海図のどれにも見当たらないのである。アンソンの地図にある諸島の最後の島も、ダントルカストー提督〔A.R. J. de Bruni d'Entrecasteaux. 1737–1793〕(8)の航海のためにフランスの地理学者バルビエ・ド・ボカージュが作製し、博物学者ラ・ビラディエールが書いた新しい優れた地図においても同様である。私自身はこれら諸島の存在を信じていなかった。なぜなら、ゴア船長やキング船長が採った航路は、日本の海岸を去った後、北の群島と北端の火山島との間を通過したのであった。

続いてコルネット船長が一七八九年中国からアメリカ北西岸に向けて航行した時は、二つの南端の島の間を通過しており、しかも、晴天の時に島が見える距離であり、ゴア船長も、コルネット船長もともに島を見ていたはずである。しかしながら私は、疑いなくこれらの島が存在しないことを確認する機会を逸することがないようにと思った。したがってこれらの海図に示された諸島の中央を正しく通過するコースをとったのである。そして、北端の四島および無名の島々、北端の火山島、「一六六四年の諸島」、さらに南の火山島、これらの諸島は、少なくともフランス製の海図に示された場所には存在しないことが確信できる。我々は「一七一六年の諸島」から七十五マイルの距離を航行した。そのため、これらの諸島に関しては、何事も断定することはできない。

九月一八日、夕方五時半ごろ、北緯三十六度、西経二百十三度四十五分におり、真西の方向に島が見えたと思った。しかしすぐにそれは雲であることが確かであり、雲の形が小さな島々であるかのように誤解させたのであった。艦上にいた何人かがなお、我々が観たものが島ではないかという意見だったので、午後七時まで、それに向かって真っすぐに舵をとった。そして暗くなる前に、全員が我々の間違いであったことを確信し、再びそれまでの南西へのコースを進めたのである。

晴天であったため、月とアルタイル星〔わし座の一等星〕との距離をいくつか観測することができた。ホルネル博士の八時の観測では、西に二百十四度三分三十秒から二百十三度五十七分四十五秒であった。また別の時計では同時刻に二百十三度五十五分であった。我々はこの一致について大いに満足した。それは船の激しい揺れではほとんど期待できないからであった。翌日夕方の観測では、より恵まれた条件下であったが、同様の一致を示し、我々の時計の正確さを確信したのであった。

気温の変化は極めて突然に起こり、水銀柱は十九度から二十一度の間であった。サンドイッチ諸島からカムチャツカまでの航海では、同緯度において十六度から十七度だった。そして北緯三十度の地点でも、夏の盛りでありながら決して二十度まで気温が上がらなかったのである。六月や七月にこうした低温だったのは、恐らく、我々が陸地から非常に遠く離れていたからだろう。あるいは、このあたりでは夏の気温が最高になるのは、ヨーロパよりもより遅くなってからなのかもしれない。

カムチャツカを出発して以来、我々は頻繁に北東から流れるHollow sea中空の海を見た。しかし九月二十日、北緯三十四度二十分、西経二百十五度二十九分四十五秒にいた時には、南東から風が強く吹いているにもかかわらず、海が特別に静かであったことには、誰もが驚いていた。したがって特にこの日、南東方向に陸地が見える可能性をまったく否定することができなかったし、初めて飛び魚、ネズミイルカの大群、熱帯鳥を見ることができた。これらは北方においては滅多に見ることはできないもので、すくなくとも陸地から離れたところでは見ることができない。磁針にはほとんど変化が見られなかった。この日の観測では、十八日と十九日のものとほとんど違いがなかった。それは徐々に下降しているようであるが、変化はごくわずかで、海の荒れの程度を考えると、通常の減少のものと見なされるものかもしれない。

私はオランダ人が一六四三年に発見した島で、八丈島の真南にあり、地図にはト・ズイデル・アイランドまたは南の島と呼ばれる島を探すつもりでいた。しかし同緯度に差しかかった時、東北東から強風が吹き、厚い雨雲の天気になったため、その意図は断念せざるをえなかった。コルネット船長はこの島の間近を通っており、彼はこの島を見ただろうし、そのコースの位置は正確に観測されていたのかもしれない。偉大なクック船長の弟子であったこの有能な士官が一七八九年と一七九一年にこの海を航海した記録を出版しなかったことは地理学にとって本当に損失である。これまで知られていることのすべては、彼の船が航行したコースだけであり、その航跡はアロウスミスの地図 The South Sea Pilot に書かれている。そして彼が一七九三年と九四年の航海の序文において、以前の航海についても出版すると約束したにもかかわらず、これまでのところその期待は裏切られている。

一七九一年の彼の日本海の航海の手記は、サー・エラスムス・ガウアーが所有しており、その年彼はマカートニー使節を中国に運ぶことに従事しており、黄海を航海する必要があったのである。ほとんど疑いのないことであるが、イギリス政府は、コルネットとブロートンの日本海岸の航海に関して意図的に隠したのかもしれない。輝かしい発見の歴史である、過去半世紀のあらゆる航海に関する出版にかんしてイギリス政府が寛容さを示したのであれば、この疑問は完全に論駁されるだろう。ブロートン[9]船長の航海は、まさに発見の航海であり、七年の歳月が流れてもなお、いまだに出版されていないのだ。このヴァンクーヴァー〔Vancouver, George. 1757–1798〕の同僚であったブロートン、その著作は間違いなく地理学および航海史上、極めて興味深いものである。そして、かれの船が失われたことによって、航海日誌や地図がすべて失われてしまったとは考えられない。アロウスミスの地図によれば、ブロートン船長の難破した岩礁は、北緯二十五度、東経百四十度の地点である。

夜通し暗い嵐の天気が続いたが、順風だったので、[10]あえてそれを利用して航行し、ただ大いに注意をしてやや南のコースに舵を切った。シャルルヴォア、ケンペル[11]の著作、およびラ・アルプ〔Jean-Francois de La Harpe, 1739–1803〕による航海記のコレクションに付いている日本の古い地図では、八丈島は北緯三十一度四十分、すなわち、アロウスミスの地図よりも南にさらに一度三十五分のところに位置する。アロウスミスはダンヴィル〔J.B.B. d'Anville.1697–1782 パリの地図製作者〕の地図 Carte Générale de la Tartarie Chinoise dressé sur les Cartes particuières, faites sur les Lieux par les RR. PP. Jésuites, et sur les Mémoires partieuliers du P. Gerbillon. 1732 には、八丈島は北緯三十三度十五分、そしてト・ズイデル・アイランドは北緯三十二度三十分に記されている。

＊　ブロートン船長は、八丈島の緯度を三十三度六分と決定している。したがってダンヴィルの地図より数分違っている。

北東からの嵐が少し止み、風向きが南南西に変わった。午前八時ごろ風が突然北東に変わり、それまでと同様、激しい雨を伴って吹いた。短時間のうちに風が南西から吹き出し、数分の間かなり静かになった。蝶が多く飛び、また海藻が流れ、明らかに陸地に近いことを示していた。同じようにフクロウが艦上に現れ、それはティレジウス博士[12]にとって願ってもないプレゼントで、彼はその素描を描いた。しかし天気は非常にかすんでおり、水平線がわずかにしか見えなかった。この嵐の間バロメーターは、それまでの観測で予想したよりも高かった。正午にホルネル博士[13]が観測できたわずかな高度から、我々の位置が北緯三十一度十三分、西経二百二十度五十分で、それは艦の観測による数字と一致した。航海日誌によりこの二十四時間で百八十一マイル走り、今やファン・ディーメン海峡〔大隅海峡〕の中央から北へおよそ四分の一度あたりのところに来ていた。したがって我々のコースは西へ向うのだが、その日は陸地が見えないかと思い、むしろ北寄りに舵をとった。

日本の海岸近く艦上で捕獲したフクロウ

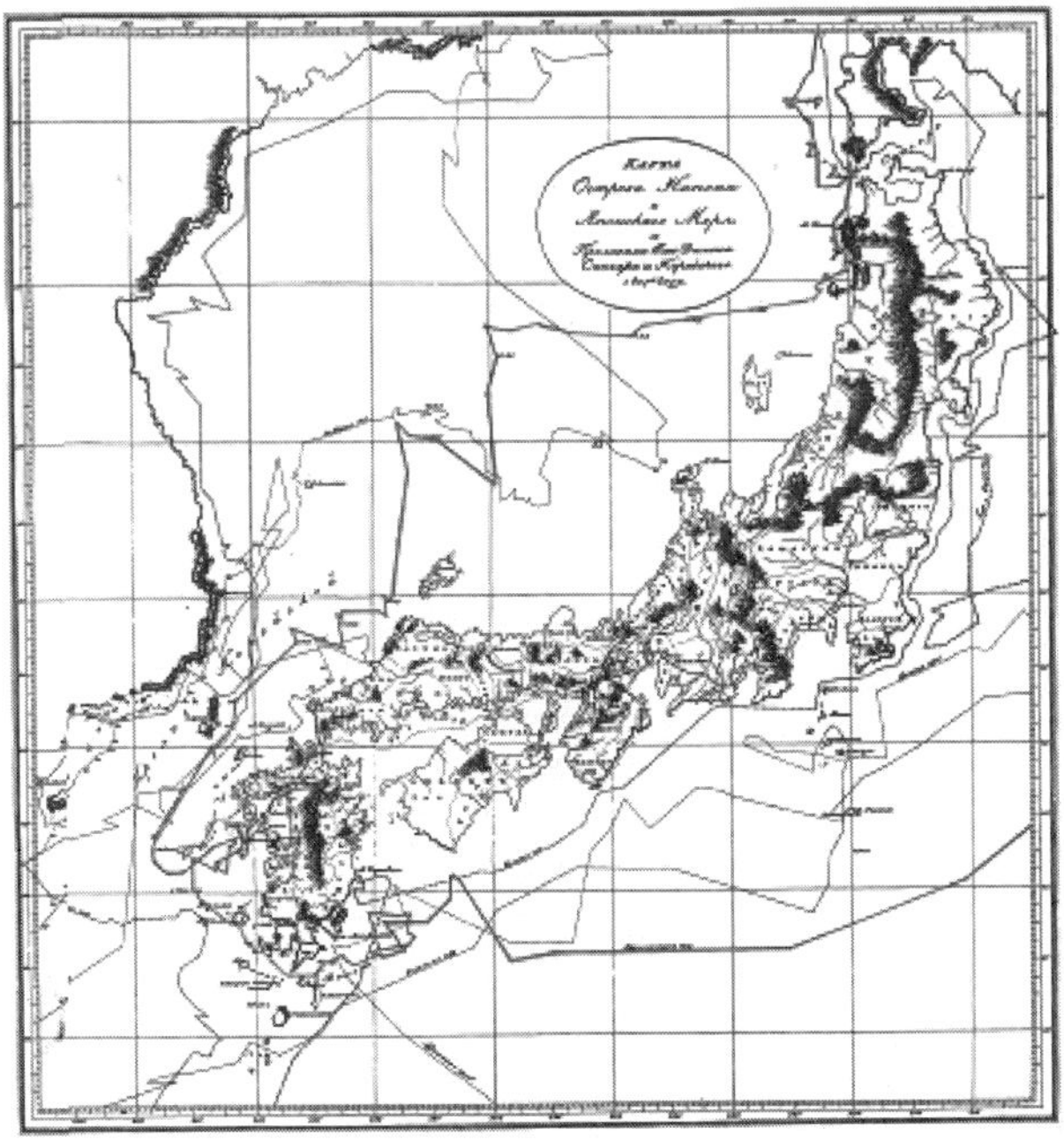

日本本島および日本海海図

私の知る限り、いずれの著作にもファン・ディーメン海峡について述べられたものはなく、その位置は海図のなかで非常に様々に描かれている。例えばアロウスミスの地図では、これらの海峡は琉球諸島（琉球は大きな島である九州から狭い水道によって分かれる）とタナオ・シマと呼ばれる島との間に描かれている。さらにフランス製の海図では、九州と琉球との間に描かれている。その入り口の緯度の地理的位置は両方ともに非常に近いものになっている。イギリスとフランスの地図の両方が、これらの海峡の描写が非常に不正確であることがすぐに分かることだろう。我々が長崎に到着した時、停泊していたオランダ船のムスケティール船長が教えてくれたことによると、海峡は十七世紀の初頭に偶然発見されたという。あるオランダ船が長崎からバタヴィアへ向かった時、海峡を通過中に激しい嵐に会ったことから、その船長の名前を海峡の名前にしたという。ムスケティール船長は非常に知性的な人間と思われたが、私に古いオランダの本を送ってくれるとのことで、本の中にはこの海峡の発見について記録があり、その詳しい描写が見られるはずだった。しかし、恐らく日本人の警戒があってその約束を果たせなかったのであろう。この文字通りの奇妙さは、私にとって極めて興味深いものであったのだ。

九月二十三日、北緯三十一度十三分、西経二百二十一度に位置し、磁針の偏差は東一度二分、翌日は西零度二分、そして同日夕方、北緯三十一度二十一分、西経二百二十五度、この西への偏差は既に二度四十九分に増大していた。もしこれら三つの観測の平均値をとれば、我々は子午線の北緯三十一度十五分、西経二百二十度二十分（伊豆諸島の鳥島付近）を通過したに違いなかった。

九月二十四日はカムチャツカを出港して以来最高に天気の良い日であった。ホルネル博士と私は、この機会にためらわず時辰儀を試すことにした。測定結果の近似値によって、私は日本の海岸をこの目にするのを、たまらない気持ちで待つことになった。この時点では、まだそれを正確に把握することはできなかった。数多くの蝶、海藻、陸鳥、木の枝によって、日本の陸地が遠くないことを確信したのであった。

九月二十八日午前十時、北西方面についに日本の海岸が姿を現した。この時我々は太陰距離測定に従事していたが、測定値は前日とほとんど変わらなかった。私はすぐにコースを変更し、西北西の穏やかな風に乗って北西に舵をとった。いくつもの六分儀で慎重に観測した結果、我々の位置は北緯三十二度五分三十四秒、西経二百二十六度二十二分十五秒〔足摺岬の南東沖〕であった。高い岬が見え、その前面に小さな島が現れ、この時点で島は北西に二十八度、およそ三十六マイルの距離にあった。風はそれまで非常に穏やかだったが、四時ごろにやや強くなり、それによってさらに陸地に近づくことができ、何度か位置を確かめた。しかしながら日没時でなお、最も近い海岸から二十マイルあり、水深百二十尋まで測深ラインを降ろしたが、測定できなかった。海岸は北西二十度三十分から北西四十一度まで伸び、岬は我々の目の届く限り、南東に伸びていた。その位置は、経度および緯度の確定に誤りを回避することはほとんどできなかったが、それでも私は、何が起ころうとも、数分の差を越えることはないだろうと信じた。観測の結果、北緯三十二度三十八分三十秒、西経二百二十六度四十三分十五秒で、多分、四国の南端の地点であった。この岬から陸地は北の方向に向かい、小さな湾を形成していると思われ、その北岸と西岸をはっきりと見ることができた。岬の近辺は山々が連なっているように見え、想定した湾に向かってゆっくりとした斜面が続いていた。その斜面が再び急になり、湾の背景には大きな谷があり、東の方向に一連のなだらかな高さの丘陵が続いている。だが西には高い山々があり、その中の二つは特に高さが際立っており、沿岸のこの部分がいつでも容易に見分けられるに違いない。

私は引き続きこの沿岸の調査を続けたかったが、実現できなかった。翌朝の夜明けに北西十度の方向に陸地を認めたが、航行のコースを替えようとしていたところ、にわかに空が曇ってきた。沿岸が視界に入らなくなったばかりか、水平線もせいぜい一英マイル程度にしか見えなくなった。北西からの風が強くなり、雨が降り続いた。今や陸地に近づくことは無駄であるだけでなく、危険であると判断した。最良の地図をもってしても、少なくとも我々のもつ海図に頼ることはできなかったのである。そのため西および西南西の方向にゆっくりと舵を切った。夕方にかけて風が強くなり、激しい雨が降り続いた。空が非常に恐ろしい状況になってきたため、翌朝まで停滞することに決め、深夜頃まで風がさらに強くなって完全な嵐になり、艦を東の方向に向けた。

この悪天は翌日まで続き、したがって艦の帆をたたみ、東の方向に慎重に進んだ。夜中に風が収まり、南東に風向きが変わった。そして夜明けになると天気が良くなりつつあり、太陽も顔を出してきたため、再び陸地に近づくことにした。しかし南東からの激しい波のうねりがあり、さらにバロメーターも下がり続けていたので、北緯三十一度七分、西経二百二十七度四十分の地点でなんとか観測できるほどに太陽が十分に輝いてはきたが、南東から嵐が近づいてくる前兆があり、それは未知の海岸にあっては、無視できないものであった。午前十一時まで西に向けて航行を続け、それから南に変更し、帆を全面的に張った。正午ごろになって天気は、間違いなくその後に続く嵐の様相を呈してきた。山のように高い波が南東から押し寄せてきた。太陽は死んだような薄暗い色になり、すぐに雲に隠れ、雲が同じ方向から急速に流れてきた。風が徐々に強まり、一時ごろまでに最高潮に達して、中檣帆を揚げ、コースを最大の危険から防ぐことが困難になるほど強くなった。滑車装置はほとんどすべてが新品であったが、ほとんど使えなくなってしまった。しかし我が船員たちは、恐れを知らない勇気と、危険を顧みない気高さをもって屈することがなかった。どの帆も一つも裂けることがなかった。午後三時ごろになり、配置した唯一の暴風雨用三角帆を引き裂いてしまうほどの嵐になった。この暴風に対しては何事も抗することができなかった。

中国や日本の海岸における台風のことについてはたくさん聞いてはいたが、予想をはるかに超えていた。その状況を的確に描写しようとすれば、それは詩人の領域になると思われ、私は、艦上で起こった結果だけを伝えることにしよう。第三マストの二重縮帆でさえ張るのが完全に不可能となり、艦は極端に押し寄せる高波のなすがままの状態になった。マストが今にも艦上に横倒しになるのではないかと恐れた。大気の状態は、特にバロメーターの異常な下降によってはっきりしていた。水銀柱は急激に下降し、五時ごろには管の目盛りからほとんど見なくなるほどになった。気圧計の激しい動きは、それまで最低でも四つの水銀柱、時々は五つの水銀柱で計算したが、ほとんど見えなくなるほどだった。我々の気圧計は二十七インチ、六本の水銀柱に分かれており、その四本を差し引けば、残りの二本で、水銀柱の高さは二十七インチを計測するのみであった。これは大げさではなく次のように言えるだろう。それは二十七インチまたはそれ以下であり、三時間もの間、見ることができなかったのである。今よりもさらに激しい嵐がくることが間違いなく、毎年西インド諸島のアンティル諸島で荒れ狂う恐ろしいハリケーンはおそらく最悪である。だが私は、数々の自然の巨大な猛威のなかで、その一つに記録された大気のバロメーターの状態について思い出すことはできない。ロション師が一七七一年にイル・ド・フランスで起きたハリケーンについて述べているが、その時気圧計は二十五インチまで下降した。今我々が二十七インチまで下降したと認めれば、それは我々の時よりも三インチ半低いことになる。

* Voyage à Madagascar, à Maroc, et aux Indes Orientales, par Alexis Rochon, 3 vols. In 8vo. An X. de la République. 3 tom. Page 418.

私はマストが立っている限り、艦の安全について不安はなかった。しかし我々は別の大きな危険にさらされていた。その危険は私自身および一、二名の船員のみ知るところのものであった。東南東からの風が陸地に向かって艦を直接運んでいたのだが、そのことからはまったく危険はなかった。実際十二時までは運航できる余地があると思っていた。しかしひとたび陸地に触れようものなら、艦は粉々になるかもしれないし、こうした暴風雨の中では、人命を救うことは不可能であっただろう。風向きが変わることしか、この危険を回避することはできなかったが、幸いにも風向きが東南東から西南西に変わったのだ。突然の風向きの変化の際、波が船尾を襲い、左舷の展望台を持ち去ったため、船室が三フィートの深さまで浸水し、それによって私の地図と書籍の大部分が破損してしまったのだ。この危険な時間の直前は完全に穏やかな天気で、幸運にも二、三分だけ続いた。我々はこの間を利用して、第三マストに暴風用の縮帆を張ることができ、風に対してある程度は停滞させることができた。

ようやく針路を元に帰ることができたのは、別の方角から同じ暴風の嵐が荒れ狂い始めた時であった。十時ごろになって暴風はやや静まったように思われ、嬉しいことには気圧計の水銀柱が再び見えるようになった。嵐が再び荒れ狂うことはない証拠だろうと判断した。そして深夜になり、風がなお強く吹いていたが、嵐はかなり収まってきたようであった。これは実に幸運であった。なぜなら、西南西の風が、東南東からの風と同様に激しく吹いてこなかったならば、最初の波はそれほどすぐには収まらなかっただろうし、マストはそれまで以上の危険にさらされることになったに違いない。嵐の間、船内の水漏れは予想したよりも問題が少なかった。というのは、それまでの通常の水漏れは一時間に七インチから十二インチであったから、嵐の間、最大でも十五インチ以上にはならなかったことでかなり安心した。だが、艦の激しい揺れによって、ポンプを稼働させるのが困難だった。

この嵐が去った後は、極めて美しい日となり、我々にとっては大歓迎で、艦の航行を平常通りにすることができた。実際、船体にはそれほど損傷はなかったが、索具類はかなり補修が必要になった。凪は徐々に静まり、今では西からの風となった。正午までには帆を張ることができ、北に向かって舵をとった。六時ごろ、西南西の方向、四十五マイル近くの距離に陸地を見た。夜間は穏やかであったが、波のうねりはそれほど止むことはなく、艦はやや東の方向へ流された。翌朝の九時ごろ、真西の方角に陸地があることに気づいた。艦はゆっくりと近づいたが、正午には陸地はおよそ三十六マイルの距離、北西三十度から八十四度に広がっていた。この時の我々の位置は、北緯三十一度四十二分、西経二百二十七度四十三分三十秒〔日向灘沖合〕であった。二時半に陸地から二十マイルの近くまで接近したが、ほとんど凪となり、夜中の十時ごろまで続いた。艦は非常にゆっくりと陸地に向けて前に進んだが、二、三マイル手前のところで激しいスコールに会った。羅針盤の偏差はここでは西三度一分であった。

この地方は全般的に山ばかりの土地であるように思えた。丘陵が続き、その中には非常に高い峰がいくつかあり、丘陵は二重あるいは三重に、時には四重に折り重なっている。北西に向けて陸地は高い岬まで続いており、方位は四時ごろの時点で北西十八度であった。この岬について私は、ベーリングの同僚の名に敬意を表して、チリコフ岬と名付けた。北緯三十二度十四分十五秒、西経二百二十八度十八分三十秒の位置〔日向市飛島〕である。同時に、北北西に湾〔日向市細島港〕があり、その東端は二つの岬が形成されており、最初見た時、私は恐らく間違ってしまったのだが、島ではないかと思ったのである。この突端について私は、英国海軍コクレン提督の名をとってコクレン岬と呼んだ。私はこの提督の指導下で、三年間の実りのある勤務を過ごしたのである。岬の形態から、また特に背後にある円錐形の山が見え、そこから陸地が東方に向けて急激に下っていることが容易に分かる。だがこの部分の最も確かなことは、コクレン岬と同じ高さであることだ。観測により、北緯三十一度五十一分、西経二百二十八度三十三分三十秒の位置である。九州島の海岸はおそらくかなり南の方向にあり、実にチリコフ岬から続いているようである。コクレン岬の北方に続く陸地は南に続く土地よりもずっと高い。この南の方向に続く海岸はなだらかな山頂を持つ高い山が特徴的で、さらに南にはそれなりに高い三つの山があり、それぞれが近い距離にある。

＊ 我々が観た陸地は、疑いなく九州島の一部であった。

日没時には陸地からおよそ十五マイルの地点にいたが、今や晴れた美しい風景が広がっていた。北西十五度から南西六十五度の方向に向かっており、非常に高い岬が視界に入ってくる。西側には、非常に際立った陸地が見え、北から南へおよそ十マイルほど伸びており、かなり長く細い様相を呈している。これは私の意見であるが、艦上の多くの船員たちも同意見であり、恐らく本土と結びついているだろうと思った。この突端の北端の地点は、北緯三十一度四十八分、南端が三十一度三十八分、西経二百二十八分三十秒である。

十時ごろ、東北東から優しい風が吹き出し、我々は南東に向けてゆっくりと航行した。翌朝四時に北東から強い風が吹き、陸地に向けてコースをとった。艦は強い潮の流れによって遠く南に流されていたが、それでもなお、我々は夜明けには昨日の位置と現在の位置を結びつけることができた。昨夕に見た岬は西南西、現在は北西三十七度、南東に非常に突き出ており、あきらかに相当の高さがあった。私はこの岬を、フランスの有名な地理学者ダンヴィルの名をとってダンヴィル岬と名付けた。地理学はこの学者の力に限りなく負うものがあり、能弁のギボン〔Edward Gibbon, 1737–1794。ローマ帝国衰亡史の著者〕が地理学の第一人者と呼んだのである。しかるに、これまでに誰も彼の名前を地図に書き入れようとしなかったのである。ダンヴィル岬〔都井岬〕は観測によれば北緯三十一度二十七分三十秒、西経二百二十八度三十二分四十五秒に位置し、そこから海岸がやや西方に向かい、別の地点に達するが、そこは島ではないかと思われた。そして大きな湾の北東端を形成しており、それは七時ごろにはっきりと分かった。この湾は目の届く限り、遮るものがまったくなく、私はその時琉球島の存在を信じていたので、琉球への水路を発見できるのを期待したのだ。

アロウスミスの地図によれば、水路は琉球島と種子島との間を通ることになる。この湾の南西に伸びる陸地に関して、それが琉球島ではないかということに何ら疑いをもたなかった。そしてその緯度が完全に一致していたので、私の推測が正しかったとすっかり思わせたのであった。しかしながら、長崎に滞在中に日本人を通して確信したことは、ファン・ディーメン海峡の北側を形成しているのは琉球ではなく、薩摩の領地であり、それはダンヴィルの地図に命名されている通りである。私は長い間この問題に誤りがあるのではないかと疑いをもっていたので、オランダ商館のほとんどすべての通訳に対してそれについて尋ねてみた。よく知られている「火山島」の位置や、観測した我々の位置がこの海岸に近いこと、そして日本に近い琉球と呼ばれる島には大きな島は無いことを日本人が自信たっぷりに話していたことで、この島が存在しないことを確信したのであった。その島というのはイギリス製の地図ではファン・ディーメン海峡の北の方面に、フランス製の地図では南の方面に描かれているのである。

＊　アロウスミスの大型南海地図(七枚)の後の版では、ファン・ディーメン海峡、種子島と琉球の諸島はすべて省かれている。アロウスミスは北緯三十度四十三分東経百三十一度八分の Tanao-sima のみ保存している。

＊＊　日本人が初めて我々を見た時から、すなわち十月三日以来、日本のボートが毎日長崎奉行宛てに送られており、したがって日本人たちは我々のルートを完全に知っていたのである。

そしてこの島の名前は、北緯二十七度に最大の島がある群島に属するものである。こうした質問によって私は九州島の南部を薩摩と呼び、琉球の名前は完全に省くことにしたのである。日本人によれば、琉球諸島の国王は琉球の名前を持つ大きな島に居住しており、非常に裕福で勢力をもっており、日本の皇帝に従属していると主張されている。すなわち、日本に新たな皇帝が帝位についた時には、必ず江戸に使者を遣わすことが求められている。さらに琉球諸島は薩摩侯の領地に属し、戦争が起こった場合には、琉球王は薩摩から強力な艦隊の援助を受けられることになっている。それと同時に日本人は、琉球の国王が中国皇帝への服従を認めていることを否定していない。そして平和を保つために両方の皇帝に貢物を送るのである。なぜならば、日本人の報告するところによれば、琉球人は温和で優柔な性格であり、平和を大いに愛しているからという。そしてこの側面において日本人は、婦女に似ているという。琉球人の日本人に対するこの従属の主張は、私には甚だ疑問であるが、さらに日本人が地理の知識が乏しく、距離の計算においてはまったく無知である。おそらく日本人が地図の中に、琉球諸島の位置を実際より日本海岸のずっと近くに描いていることとの理由であろう。我々に日本の地図を最初に与えたヨーロッパ人たちは、日本人の地図の間違いをすべて含めて複写したのである。そしてこのことが現代の地理学者たちに、琉球諸島の中のいくつかの島とJacono-sima 屋久島および Tenega-sima 種子島とを混同させたのである。これら屋久島と種子島の両島は、薩摩の海岸に対して二十五ないし三十マイル、またファン・ディーメン海峡の南岸を形成するのである。

＊ 私は、薩摩から琉球までの距離を正確に伝えられる通訳と一人も出会うことがなかった。

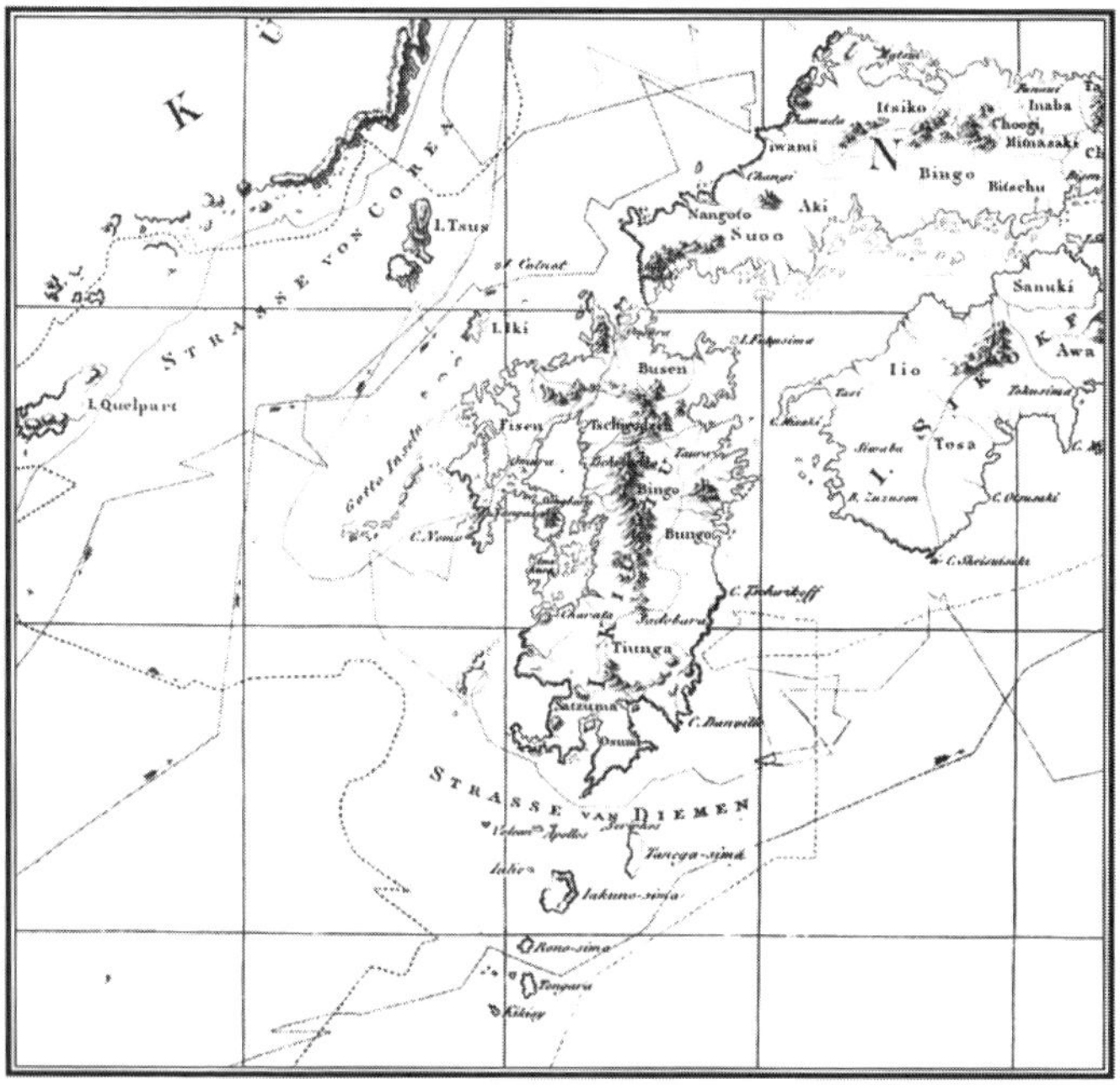

ファン・ディーメン海峡（大隅海峡）

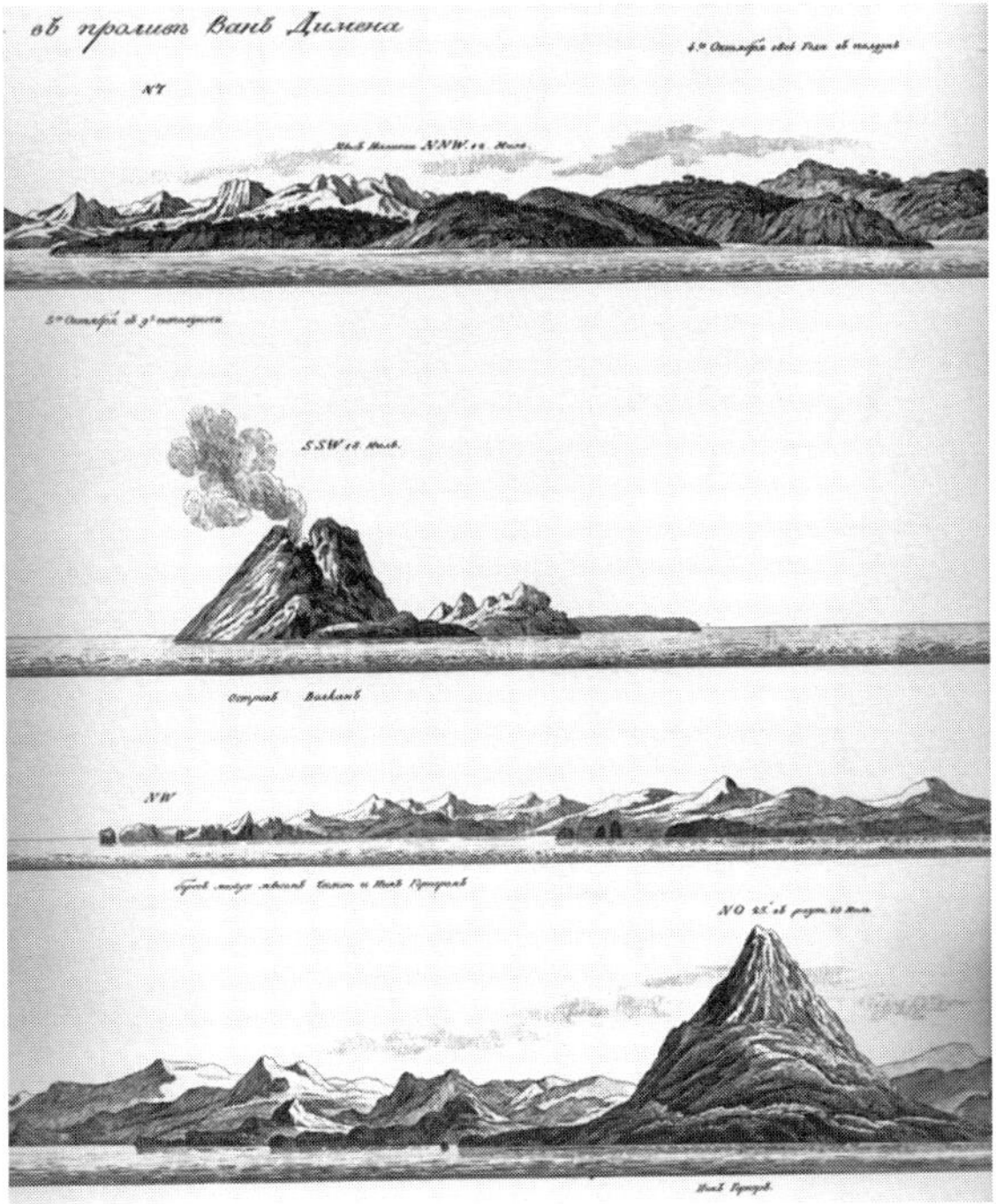

ファン・ディーメン海峡沿岸実写図（部分）

およそ十一時ごろ、我々はこの海峡と考えられる場所の十五マイル以内に近づいた。そこではいくつか小さな島があり、そして後に気づいたのだが、周りがすべて陸地に囲まれていることが分かった。これ以上これらの島（後に存在しないことを知ったが）の間に水路を探すことは時間の浪費だろうと感じ、特に湾〔志布志湾〕の中に入るには風向きが良くなかった。さらに私は、よく知られている日本人の猜疑心によって、こうした内海の航海が、使節の成功を危うくするのではないかと恐れたのだ。日本人はロシア人に対し、また他の諸国に対しても長崎以外のいかなる海岸にも近づくことを禁じているのである。そのためこの調査はあきらめ、十一時ごろにコースを西南にとり、薩摩の南東端に向かった。この時点でダンヴィル岬は北西六度、そしてナガエフ岬と呼んだ湾の南西端は北緯三十一度十五分十五秒、西経二百二十八度四十九分〔内之浦町火崎〕、北西六十度の方角にあった。ナガエフはロシアの最初の水界地理学者で、その名にちなんで呼んだのである。非常に高い山、これまで日本の海岸で見たなかで一番高い山が北西二十六度の角度にある。この山〔桜島〕の中央は北緯三十一度四十分、西経二百二十八度四十八分に位置し、近くに同じぐらいの高さの山が二つある。この山について、私の友人、優秀な天文学者であるシューベルトの名前をつけて見分けた。湾の正しい名前は知ることができなかったが、ナガエフ岬から北東端までのほぼ北西と南西に向き合う幅は、少なくとも十マイルあり、水深は十五尋である。海水の色が完全に変化したが、百二十尋の線までの測深はできなかった。

我々は、ようやく薩摩の南東端をめざして方向を決めたが、南西方向に島が見え、私はその島がアロウスミスの地図にファン・ディーメン海峡の南側を形成するとして記されている Tanao-sima タナオ・シマであると考えた。この島の正確な名前は、長崎で知ったのだが、Jaconosima「屋久島」である。この島は、その木材を求めて非常に多くの人が訪れる。我々が長崎で入手した木材は、クスノキを除き、すべてそこから運ばれたものと確信した。島は非常に低い土地で、最初に視界に入った時、フィンランド湾のラヴェンサール島に似ていると思った。樹木の先端が辛うじて海面から見えるだけで、ファン・ディーメン海峡のなかをしばらく進むまで、島の全容を見ることはできなかった。島は完全に平坦で、樹林が繁茂しており、快い風景となっている。およそ十八マイルの長さで、ほぼ南北にのび、最大の幅は長さの三分の一である。この島の中央部あたりは東西の湾によって島の幅が半分くらいにまで狭くなっている。そのため少し離れて見ると、二つの島であるかのように見える。その北端は北緯三十度四十二分三十秒、西経二百二十九度、南端が北緯三十度二十四分である。

〔この位置の島は種子島である。したがってクルーゼンシュテルンは屋久島と混同している。〕

正午近く、薩摩の南東端がほぼ真西、二十マイルの距離に見えた。この時点で極めて正確に観測したのだが、北緯三十一度四分四十秒、西経二百二十三度四十分である。正午を少し過ぎたころ、南西方向、Jaconosima の背後のかなり遠い地点に、非常に高い山地が姿を現し、それは周囲が相当ある大きな島と思われた。Usasima ウサシマと Kikiay キカイの両島の間を航行したコルネット船長は、この島を見たに違いない。この島の名前は、日本人通訳から聞いたところによると、Tenegasima であり、我々の地図に記載されているのと同じである。島の中央は北緯三十度二十三分、西経二百二十九度三十分である。

〔この位置の島は屋久島であり、クルーゼンシュテルンが日本人から聞いた Tenegasima 種子島ではない。ここでも混同がある。〕

＊ アロウスミスは Usa-sima と Kikiay の両島を省いているが、コルネット船長がその新しい地図に Pinnacle islands ピナクル島と呼んだ島をも省略している。

二時ごろ、海水を測深した結果七十五尋のラインまで測定できた。灰色の砂、黒と黄色の斑点、そして貝殻の欠片。現在風は徐々に止んできて、海水がさざ波の状態または、分離状態になり、これは潮の変化によっておこる現象であった。それは我々の方向に真っ直ぐの線で進んできて、大量の海草、軽石、樹木や材木の破片を運んできた。艦は舵の操作に答えず、海岸に向けて北へ走った。四時半ごろ潮の流れの強さは非常に弱まり、艦は再び操縦可能になった。コースを南西にとり、海岸線と並行して航行することになった。小さいが高い島が見え、幅の広い二重の頂があり、すぐに火山島〔薩摩硫黄島〕であることが分かった。この島がすぐに水平線上に現れ、さらにいくつか小さい島が見えて、薩摩の南端が檣頭から見ることができた。その夜は快晴で風も穏やかだったので、艦を停止させるのではなく、ゆっくりと帆走し続けた。薩摩の陸地、および屋久島の様々な地点で篝火が焚かれ、そのおかげで夜の間ほとんど注意を要することなく全く安全に航行することができた。半時間ごとに測深綱を降ろし、水深が四十から六十尋であることが分かった。海峡の入口で分かったことと同じ海底の深さであった。多くの篝火が絶えず焚かれ、恐らくこれは何かの信号だったと思われる。ヨーロッパの大型船の出現が、この臆病な国民のなかに大きなセンセーションを引き起こしたに違いない。

夜明けに小さな島を発見したが、私はそれをSeriphos〔セリフォス島、ギリシア・エーゲ海の島〕と名付けた。この島はただの露岩であり、直径半マイルぐらいである。この小島の真西の方向、およそ二十四マイルに火山島があり、その東側のすぐ近くに同じ高さのもう一つの島があり、アポロ Apolloと名付けた。硫黄島の南十五マイルに四番目の島があり、周囲約六マイルで、私はJulieと呼んだ。さらに西の方向にはこれらの島々よりも大きなサイズのもう一つの島が見え、我々の地図にSt. Claireサン・クレールと命名した。私はこれまでにいくつかの地図の中に、日本の南東海岸にこの名前Volcano Island の島を見たことがあり、ファン・ディーメン海峡の中にある他の諸島と区別するのがよいと考えたのである。なぜならば、長崎でのあらゆる努力にもかかわらず、これらの島々の日本語の正式名を知ることができなかったからである。上述した五つの島の緯度と経度は天文観測により、以下の通りである。

Volcano island	北緯三十度四十三分　西経二百二十度四十三分二十度
Seriphos	北緯三十度四十三分三十秒　西経二百二十九度十五分三十秒
Apollo	北緯三十度四十三分三十分四十五秒　西経二百二十九度三十六分
Julie	北緯三十度二十七分　西経二百二十九度四十六分三十秒
St. Claire	北緯三十度四十五分十五秒　西経二百二十九度五分四十五秒

＊　St. Calaire の島はアロウスミスの新しい地図でも省略されている。

朝七時に薩摩の南端がほぼ北に位置した。この岬〔佐多岬〕は、北緯三十度五十六分、西経二百二十九度二十三分三十秒で、岩砕の塊で形成され、南側に伸び、近くに二つのより小さな岩塊があり、一つは尖がり、一つは丸い形である。私はこの岬について、ロシアの航海史上において名誉ある地名を獲得した、立派な提督の名前をとって、Cape Tschitschagoff チチャゴフ岬と呼んだ。チチャゴフ提督は北極海の航海において、スウェーデン艦隊に勝利したのである。〔一七八八年〜九十年、対スウェーデン戦争におけるバルト海海戦での勝利〕

薩摩の南端チチャゴフ岬を廻るとすぐに、円錐形の高い山が見え、その麓はまさに海岸ぎりぎりにあった。私はこの山〔開聞岳〕を我が天文学者の名をとってホルネル・ピークと呼んだ。北緯三十一度九分三十秒、西経二百二十九度三十二分の位置にある。このはっきりとした山の経緯度はホルネル博士によって極めて正確に測定され、この山と硫黄島がファン・ディーメン海峡の間違いの無い目印となっているのである。北東には眼前に大きな湾の入口が開け、北に向かってはるかに伸び、明らかにその方向に水路があるが、恐らく行き止まりになっているだろう。この湾〔鹿児島湾〕は、チチャゴフ岬〔佐多岬〕が南東端を形成し、ホルネル・ピークが非常に美しい姿を見せ、その北西側〔南東?〕には様々な形の小さな島が散在している。そのなかの二つの島は大きな弓型となっており、非常に特徴的である。湾全体は北部を除き、高い山々に囲まれ、それらの頂は大変美しい緑に覆われている。ホルネル・ピークは陸地の重要地点に立ち、海から立ち上がっているように見え、この地方の絵に描いたような美しい姿に大いに加味している。

私は、上述したピークの別のサイドにある、もう一つのたいへん美しい湾を目指して北西に舵を切った。湾は陸地によって二分され、北に向かってはるか遠くに伸びている。西側の湾には小さな町があり、魅力的な谷に囲まれ、大きな田畑と大きな樹木が規則的に植えられている。海岸からの近距離には、針のようにとがった高い岩が立ち並び、この小さな湾の入り口を形成している。そこには何隻かの船が停泊している。谷間の背後、さらに陸の奥には整然としたなだらかな山があり、その中間からは高いピークが見える。昼時点で観測した我々の位置は、北緯三十一度九分十七秒で、推測した数値に非常に近かった。これは、風がほとんどなかったにもかかわらず、干潮と満潮の通常の変化からくるもので、非常に強い潮の流れが、艦に大いに影響したことの証拠である。観測によると、新月と満月の九時にファン・ディーメン海峡で高潮を計測し、満ち潮は北西から、引き潮は北東からであった。七時まで完全に静かな天気と、穏やかな風とに変わり、そのおかげで、大きな岬を廻り込めたのは九時前であった。岬を過ぎると、薩摩の海岸が北西方向に見えた。

薩摩の南東端からの南東側は、ほぼ北東ないし北、また南西ないし南の方角であった。陸地の先端の背後には、西に向かって湾が広がっている。海岸全体は明らかにごつごつした岩で形成されており、海岸のこちらのサイドには錨を降ろせるところはないのではないかと、非常に疑問をもった。陸地は山が多いが、高さの点では特別に際立った山はない。チチャゴフ岬の東側では、海岸線がより美しい景色に見える。陸地は海岸線に向かって徐々に下ってきており、小さな湾がいくつかある。そしてこの地域は、非常に実りの多い土地のようであり、多くの住民がいるものと思われる。夜の間海岸に沿って数多くの篝火が焚かれ、多くの小舟が並び、あるいは帆をあげている光景が見られたが、そうした様子を十分に見せつけるものであった。ナガエフ岬からチチャゴフ岬までの距離、すなわち東から南端までは三十四マイルである。この南端の地点からホルネル・ピークの海岸の方向は、北西ないし北である。さらにこの地点から南西端を形成する別の海岸はほぼ西である。そこに上述した湾が位置しているのである。

薩摩のこの地方は特別に美しい。陸地からわずかな距離のところを海岸沿いに帆走できたため、次から次へと続く絵に描いたような様々な場所を、はっきりと完全に眺めることができた。この地方全体が高い丘陵からできており、時にはピラミッドのような形や、別のところでは球形や円錐形のものもある。それらはホルネル・ピークやその北西にある別の山などの隣接する山、およびさらに三つ目の山などによって守られているように思われる。この地域の自然の装飾は非常に豊かであり、日本人の勤勉さがその美しさに少なからず貢献しているものと思われる。なぜなら、至る所ではっきりしている農耕の特別な発達状況は、まったく匹敵するものがない。この海岸にあるすべての谷間が極めて丹念に耕作されており、これはヨーロッパの国々にもあるように、それほどおどろくべきものではないが、ここでは農業が全く軽視されることはなく、どんな小さな土地でも放置されることはめったにない。山々がまさに頂上に至るまで極めて美しい田畑や植林地で覆われているだけでなく、海岸の岩場でさえも、たいへん美しい緑に覆われて印象的であり、黒灰色とブルーの色のコントラストも不思議である、我々を驚かせたものは、海岸に沿って山や谷に立ち並ぶ高い木で、目の届く限り、一定の間隔で植えられた樹木だ。おそらく疲れた旅人のためのもので、休息のために植栽されたものであり、まったくこの上ない美しさである。こうした小道は日本では珍しいものではない。なぜなら我々は長崎の近郊において同じような小道を見たし、「メアク・シマ」の島内でも見たのである。

南西端から海岸線は北西ないし北の方向に向かい、大きな岬で終わっており、それが薩摩の西の端である。この岬〔野間半島野間岬〕を私は、ロシア艦隊がトルコを壊滅させたことに因んで、チェシマ岬と呼んだ。北緯三十一度二十四分、西経二百二十九度五十八分である。これらの二つの岬の間には、いくつか突き出た地点があり、そこから海に向かって短い距離の岩礁が走っている。夜中に航行したために、チェシマ岬については明確な調査はできなかったが、翌朝にはこの岬を十分見ることができたので、その位置をかなり正確に測定することができた。チェシマ岬から海岸線は再び真東に走り、北に向けて大きな湾を形成し、前日までに東側に見てきた湾のほぼ背後に位置するものである。長崎滞在中に、薩摩が九州の一部であることを十分に確信することがなかったならば、私はこれらの湾が繋がっているものと仮定しただろう。しかし、これらのどちらも試すことはなかったが、この部分はすべて本土の一部であることには疑いの余地がなかった。薩摩の最大の長さは、すなわち薩摩岬からチェシマ岬まで、両者はほぼ東西に位置しているが、六十マイルである。そしてチチャゴフ岬から北に向かって目の届く限りの陸地までの最大の広さは、三十六マイルである。これは琉球の面積と非常に近く、アロウスミスの地図にある通りである。

十月五日の日没少し前、薩摩の南西海岸に沿って帆走中、北西方向に島と思われる高い場所が見えた。我々は後にそれが「メアク・シマ」であることを知った。夜を通してその島に向かってゆっくりと帆走したが、夜明けに南西端の島〔甑島群島の下甑島〕からおよそ六マイルの地点に近づいた。その時点でチェシマ岬は東南東十八マイルの位置にあった。傍に二つの小さな島を発見したが、その一つは単なる岩場であった。だがもう一つ〔上甑島〕は円形で周囲が三マイルだ。私がSymplegadesと呼んだ二つの岩がごつごつした島は、互いに北東および北西の位置に向き合い、その間をおよそ六マイルの水道〔藺牟田水道〕で区切られている。北東端は北緯三十一度三十分、西経二百三十度十八分二十秒、南東端から南東二十度、およそ六マイルの距離である。南西端の島は北緯三十一度二十六分、西経二百三十度二十二分三十秒に位置する。北東方向に大きな岬〔羽島岬〕が見え、チェシマ岬とともに薩摩の西側の湾を形成している。この湾についてはすでに述べたところだが、私はこれを「薩摩湾」と呼ぶことにしよう。これら二つの岬は互いに北と南に位置するが、十八マイルである。この湾の中には、小さな湾がいくつかある。なかには優れた港があるに違いなく、大きなものは陸地にほぼ囲まれているようである。ここでもまた、日本人通訳から知ることができたことだが、薩摩の領地の主な港があり、領主の住居もある。通訳たちはこの港の名前を教えてくれなかったが、恐らく「鹿児島」だろう。シャルルヴォアによれば、一五四二年、三人のポルトガル人、アントニオ・モタ、フランシスコ・ゼイモタ、そしてアントニオ・ペソティが暴風雨のために薩摩の海岸に上陸し、そして聖フランシスコ・ザヴィエルが一五五〇年、平戸に向けて出帆したところである。

薩摩湾をとり囲む土地は非常に山が多い。特に北に行くほど目立った山が多く、波をうったような山脈〔出水山地〕が走り、中央部には高いピーク〔紫尾山〕がある。昨日見た景色と同様である。山脈の北西部にかけて二重の山頂があり、台地状の山が続く。そこからは常に煙が立ちのぼっている。この山はその様相からしてUnga mountain「ウンガ山」と思われるが、日本におけるキリスト教徒の迫害の時期において非常に有名である。イエズス会士がその熱狂的な宗教心を分け与えた不幸な信奉者たちが、ここに連れてこられ、祖先の宗教に戻ることなく固執した者たちは火口に突き落とされたという場所である。その位置は北緯三十一度四十三分、西経二百二十九度四十六分である。〔クルーゼンシュテルンが示したこの経緯度には、このような火山は存在せず、迫害の地としたのは誤解だろう〕薩摩の北端を形成する岬について、私はカグル岬と呼んだ。圧倒的に優勢なトルコ軍に対抗して輝かしい勝利をもたらしたロマンツォフ元帥を記念したのである。〔カグルの戦い。一七六八‐一七七四年のロシア・トルコ戦争に起きた陸地戦、一八世紀最大の戦争と言われる。〕北緯三十一度四十二分二十分の位置である。カグル岬と「メアク・シマ」の北東側との間に水路が現れ、十マイル以上の広さがあるものと思われ、それに向かって針路をとった。

水路に近づくと、カグル岬からの海岸は最初のうち北の方向に向かうものと思われたが、しかし後に西寄りに向かっていることに気が付いた。さらに、メアク・シマの北東端からは多くの岩の小島が海岸と同じ方向、すなわち北東および南西に向けて伸びていることが分かった。それらは目の届く限り岩礁を形成していた。これらの岩場はほとんど全部が白く、その中に一つ特別に目を引くものがあり、塔の形をしており、その天辺には二本の高い木が立っていた。ここで水路を発見するという望みはほとんど消えた。しかし風に関しては、南東からかなり強い風が吹き、水路の入口をより詳しく調査する目的をあきらめるべきではないと決意した。昼頃に風が止み、風向きも変化してきたため、夜になる前にこれ以上この区域について完全な知識を得ることは期待できなかった。したがって翌朝まで待たなければならず、この意図はあきらめ、島の南西端を乗り切るために、南に向かってコースを進めた。この時点でその北東端からの我々の距離は三マイルであり、測深した結果、水深は四十尋〔約七二メートル〕、海底は砂と珊瑚との粘土であった。今や我々は海岸に沿って二度目の帆走をし、したがって島のこちら側のサイドを正確に調査する絶好の機会であった。

「メアク・シマ」は、あらゆる海図において、その位置も方向も、極めて不正確に描かれている。ある地図によれば、その島はまったく存在せず、また別の地図では、日本の海岸から七十五マイル離れた小さな島として描かれている。我々は、それがいくつかの小さな島から構成され、互いに近接しており、そのためにいろいろな水道が島々を非常に近い距離で仕切っていることが分かった。これらの水道は小さな船にとっては優れた港を形成しているに違いない。少なくとも、この島に向かって、あらゆる方向からやってくる多くの船が水路の中や、あるいは岩陰にたちまちのうちに姿を消してしまうことから判断して、そうであろう。この島全体は岩で形成されているが、しかし日本人の勤勉さはここでも明らかである。なぜならば島のすべての側に緑の田畑や、樹木の植栽が見られるのだ。さらに薩摩と同様、かなり高い丘の上にまで、長い並木道が続いているのである。この島の北東および南西への最大の長さは、目の届く限り北東端から真っ直ぐの線に伸びる小さな島や岩礁を除いて十八マイルだ。島の横幅は、その長さにまったく比例していない。その南西部は、島の最も幅の広い中間であるが、四マイル以下である。南西端は北緯三十一度三十五分三十秒、西経二百三十度二十分、北東端は北緯三十一度四十九分、西経二百三十度九分である。中心部の緯度三十一度四十三分と、アロウスミスの地図に描かれた「メアク・シマ」の緯度とを比較すると、それらの間には違いが無く、経度においては極わずかな差があると思われる。しかしそのサイズは少なくとも四分の一に小さくされ、そしてその地図で配置された日本海岸からの距離の七十五マイルではなく、狭い水路があるだけである。水路は海岸と島に属する岩礁との間が最大で五マイルである。毎年メアク・シマの傍を帆走しているオランダ人は、おそらく彼らの地図上ではより正確に描いただろう。ところがこれらの知識は決して世界に共有されることがなかったために、ヨーロッパの地理学者たちは、日本の海岸についての最初の正確な知識を、ある国家〔オランダ〕から引き出すだろうが、その国からは恐らくほとんど期待することはできなかった。

我々は一日中、さまざまな方向からやってくる多くの日本の小さな船にとり囲まれていたが、会話ができるほどの距離には決して近づこうとせず、その反面、極めて慎重に我々を避けていた。彼らに向かって合図を出したり、連れてきた同国人から声をかけさせたりしたが、すべて無駄であった。彼らは外国人との間で最小限の交際をもつことも禁じられているために、そうした関係で、全く単純な質問に対しても返事をしようとはしなかった。これ以上声をかけることによって彼らを危険に導くつもりはなかった。しかしながら、日本人たちの絶対的な服従精神や、大いなる自己否定について、我々は不思議に思わずにはいられなかった。

暗くなる少し前、黒く尖った岩場から岩礁があることに気づいた。北緯三十一度四十二分二十秒、西経二百三十度二十六分三十秒、メアク・シマの南西端から北西三十九度の方向、七マイルの地点である。私はこれらの岩礁を「ナジェージダ」と呼ぶことにした。夜明けに北の方面に陸地が見え、それが五島列島であることが分かった。そして二つの小さな岩がごつごつした島があり、一つは平坦で、もう一つはその島の南側およそ一マイルにあり、周囲がおよそ二マイル、非常に高く、二つの丘がある。これらは恐らく、アロウスミスの地図に Asses-ears「ロバの耳」と呼ばれるものと同じだろう。北緯三十二度二分三十秒、西経二百三十一度二十三分三十秒の位置にあり、五島岬から南西へ九度、三十三マイル、そしてメアク・シマの南西端から北西六十五度、五十八マイルである。この日の羅針盤の偏差は、西五十五分であることが分かった。

昼頃に観測した我々の位置は、北緯三十二度二十二分三秒、五島岬はその時北西に三十九度、この列島の北端は、北東十四度であった。午後四時、我々は海岸に三マイルのところに近づき、風が穏やかで、潮流が北東方向に強く流れていたために、艦をその周辺に進めた。五島列島はわずかにしか見えず、その島々について満足に語ることはできないが、翌年長崎から出発した際も、嵐や霧の天気でまったく見ることができなかった。五島列島の南西端である五島岬は、実にすべての日本列島と同様、非常に正確に位置づけられている。北緯三十二度三十四分五十秒、西経二百三十一度十六分零秒である。五島列島はどのように見ても、大きな一連の島で非常に山が多い地方で、西北西から東北東に伸び、その前面には多くの小さな島があり、すべて十分に耕作されている。非常に美しい緑地に覆いつくされている。これらの小さな島々は岩場で連結しており、その中の一つはかなりの大きさで、北緯三十二度三十四分で目立っている。島は三つの部分に裂けているように見えるので、私はそれをtreble-cleft rock「三つに裂けた岩」と呼ぶことにした。

＊日本の地図によれば五島列島は一連の島で形成され、その一端は壱岐島にまで伸びており、その最大の島は南西端にある。

現在、穏やかな北東風とともに帆走し、風は夕方まで強まることはなく、全帆をあげて東南東に帆走した。夜中に風向きが変わり、北東に進んだ。そして夜明けに長崎がある九州の一部が眼前に見えてきた。南に二つの高い岬があることに気づき、その南端の岬は北緯三十二度三十分、西経二百三十度十一分である。北端の岬はさらに西に突き出ており、非常に高く、二重の山で形成されており、北緯三十二度三十五分十秒、西経二百三十度十七分三十秒である。これは恐らく野母岬であり、古い地図では、長崎が属する陸地の南端に描かれている。さらにCape Seuroteとともに長崎の町が位置する湾の両端を形成している。私はこの湾を島全体の名前をとって「九州湾」と呼ぶことにした。湾には多くの島と岩島があり、野母岬の海岸は、湾の入口に入るまで、非常に危険である。南側には、すなわち北緯三十二度三十二分には一般の地図からして期待した長崎の港を発見することはできなかった。そのため、北の海岸に見えた岩島から少し離れたところを海岸線に並行して帆走した。九州湾の北端の外側には、おそらく五島の続きと思われる島がいくつかあり、北東に伸びる一連の島を形成している。野母岬から長崎の入口までは、岩島の背後にいくつかの小さな入り江があり、たいへん美しい谷間に縁どられている。陸地は極めて入念に耕されていることがはっきりしており、非常に長い並木道も改良されて美しい風景を見せている。海岸を縁どっている谷間の背後は、陸地が北に向かって一連の山を形成している。

昼頃、観測により北緯三十二度三十六分四十秒の位置にいたが、まだなお長崎の南であった。一艘のボートが我が艦の傍らにやってきて、日本人役人を乗せていた。我々にいくつかの質問をし、すぐに戻って行った。二時間近く後に別のボートがやってきて、およそ五時半ごろまで、質問を続けた。長崎湾の入口の投錨地にきて、測深すると水深三十三尋〔約23メートル〕、海底はきれいな灰色の砂であった。場所はIwo-sima伊王島の北西端が南西十三度、パッペンベルク島が南東七十四度、Cape Facunda福田岬が北東五十五度、陸地から一番近い我々の距離は、およそ四分の三マイルである。

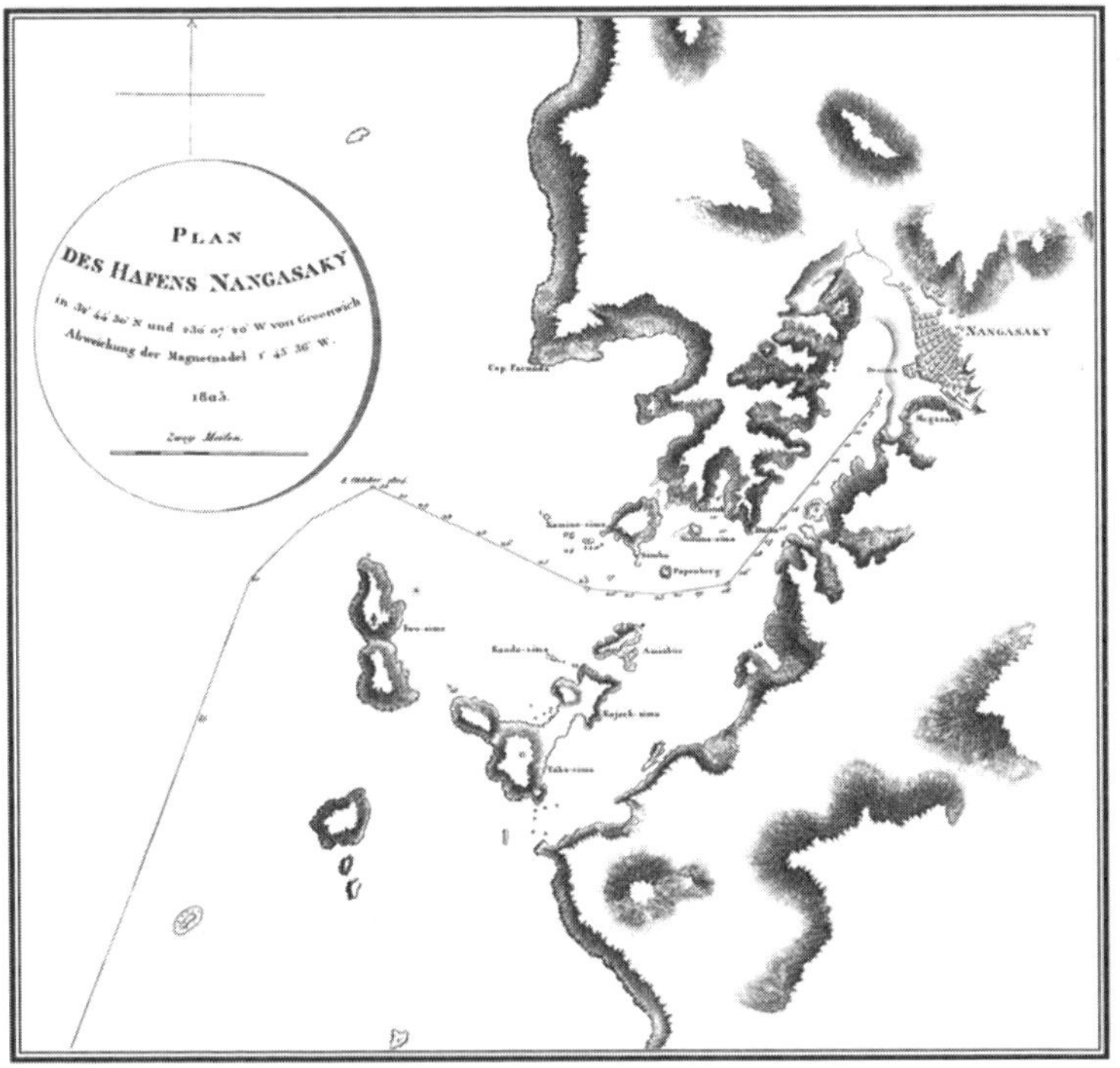

長崎湾とナジェージダ号の航路

日本通詞の最初の訪問

第三章　日本滞在

長崎でロシア人が受けた応接 ― 期待が裏切られる ― 日本政府の疑心に満ちた行動 ― レザノフ使節が艦を離れ上陸 ― 使節の居住地、梅が崎の状況 ― ナジェージダ号長崎内港に導かれる ― 中国船および二隻のオランダ船出帆 ― 中国の対日貿易に関する報告 ― 月食を観測 ― 日本人の天文学の知識に関する所見 ― ロシアから帰還の日本人漂流民の自殺未遂 ― その動機の推測 ― 江戸より大名または一貴族が到着 ― レザノフ使節が日本全権代表と接見 ― すべての外交交渉が終結 ― カムチャツカへの帰航の許可 ― ナジェージダ号長崎を後にする

日本においては、外国人が侮辱的な警戒心をもって取り扱われることは誰もが知っていることである。我々が他の国民よりも優遇されるだろうと期待する権利はまったくなかった。しかしながら我が艦には大使が乗っており、強大な国家の君主から日本との友好関係を確立するだけのために遣わされてきている。政策において非常に猜疑的なこの国民に接しており、冷遇されることがないよう願っていた。多くの自由が得られるだろうと期待した。長崎での滞在である程度慰められるだろうし、久しい間の無為の生活の退屈さを軽減できるだろうと。なぜなら、我々は少なくとも六か月間はここで過ごすことになるだろうし、ほとんど知られていないこの国に関する情報を手にする機会があるだろうと思っていた。日本に関する知識を伝えることができる地位にある唯一のヨーロッパ人であるオランダ人は、過去二百年の間、いかなる出版物も出さないことを規則にしていた。実際この期間に、二人の旅行者が日本に関する観察を出版している。比較的に言えば、二人とも日本での滞在期間が短かっ

たが、彼らの報告は疑うべくもなく重要である。その記録は日本においてキリスト教が根絶されてから唯一のものであり、それ以来イエズス会士による記録は終わってしまっている。これら二人は、ともにオランダ人ではない。したがって日本帝国に関する知識に関して、ヨーロッパはオランダ人に負うところは何もない。このようなことになっているのは、出版の自由が日本政府から強く非難されるだろうとの恐れからなのだろうか？　あるいは、オランダ人の怠慢からなのか、その政策が原因なのか？

日本政府のスパイであるオランダ通詞には良く知られているケンペルやトゥンベリ(14)の著作が、日本政府の同意を得たものではなく、さらには、日本政府がオランダ人に対してその政治について書くことを一切禁じてきているということであれば、この最初の理由のみが彼らに弁明の余地を与えるだろう。しかし事実はそうではない。彼らは平戸や長崎の位置を示したそれなりの地図でさえ出版したことがなく、出来の悪い日本人の地図をケンペルが写し取ったものだけが唯一知られているだけである。これらからは長崎に近い島々の位置について学ぶことがないばかりか、毎年二隻のオランダ船が行き来する台湾とのことに関してはほとんど何も知ることがない。おそらく日本人は、オランダ人たちがこれらの場所の位置を正確に知らせることを犯罪視したということはあり得ないだろう。私はオランダ人のこの消極的態度はまったく笑うべき卑しい政策であると考えざるを得ず、啓蒙の時代の精神に反するものであり、共和政治に相応しくないと考える。イギリスの貿易はその自由な政策によって損失を被ったことがあっただろうか？　あるいは、オランダ人の貿易はその卑劣な秘密主義によって何等か得るものがあっただろうか？　イギリスとオランダの商業貿易の状況は、だれもが良く知っていることであり、私がこれ以上その比較を続ける必要はなかろう。

読者はこの不本意ながら脱線してしまったことを許されることだろう。本題に戻って、長崎で我々がいかなる待遇を受けたかについて述べることとしよう。

長崎において、オランダ人よりは多くの自由があるだろうと期待したのだが、それは大きな誤りであることが分かった。このわずかな自由、それは艦上に閉じ込められた状態と比較すればそう言えるのであるが、最初は非常に卑劣なものと思われ、我々がこれ以上要求しないということを条件に示されたのであれば、軽蔑の念をもって拒絶すべきであっただろう。このわずかな自由ですら完全に否定され、ここでの滞在は文字通り監禁状態であり、艦の下級の船員のみならず、大使でさえも例外でなかった。したがって艦上での生活を続けた者にとっては、ほとんど何も情報を得ることはできなかったということが容易に分かるだろう。オランダ通詞は情報を引き出せる唯一の源であったが、レザノフ大使が陸上で滞在した期間は、彼らはあえて艦に近づこうとしなかった。

＊ 最下級の通詞数名のみが、贈呈品の移動や、艦の装備を陸揚げする時だけやって来たのだ。

したがって読者は、日本に関する満足できる報告を私からは何ら期待してはならない。長崎では六か月以上居続けたのであるが、私は事の起こった順に従って、我々の状況の単調さをある程度破りそうな状況のみを語るだけである。そのほとんどは実際、まったく重要なことではない。だが私はそれらを省略することが正しいとは思わない。なぜならほとんど知られていない国に関することはすべてある程度の興味があるだけでなく、事実にかんする無味乾燥で面白くない記録ではあるが、なかには真実を引き出せる概ねの推論ができるからである。

我々の監禁生活、および日本人の全般的な疑い深い行動に関する短い報告は、我が大使に対してわずかに示された好意が日本においてはまったく先例のないことであり、それを省略することなく報告することは、蛇足ではないだろう。

日本人の猜疑心を最初に証明したことは、まず我々の火薬や銃砲、士官の所有する猟銃でさえも取り上げてしまったことである。猟銃のなかにはかなり高価なものもあった。これらの猟銃を掃除のために返還するよう懇願と陳情を繰り返したのは四か月も経った後であり、その多くは保管されている間に完全に駄目になってしまった。士官たちは実際には帯剣することを許され、これはオランダ人には決して許されることではなかった。そして兵士たちはマスケット銃や銃剣を保持することが認められた。この最後の銃剣類はオランダ人が決して要求できる条件にはなく、なぜなら同様の軍人の付き添いを伴って姿を現さないよう常に警戒されていたのである。しかし私を本当に驚かせたことは、大使が護衛を伴って上陸することが許されただけでなく、護衛たちが銃を持つことが許されたことである。

大使に対するこの恩恵は、日本人の大きな嫌気がありながら認められたことであり、通詞たちは数日間、この点はあきらめるよう、大使を説得する努力をした。通詞たちは大使に対し、これは国法に反するだけでなく、この国において他国の武装した兵士を見ることは民衆にショックを与えるだろうからと断言したのである。さらに、こうしたことは前代未聞のことであり、その要求に応じることは危険であろうと表明した。しかしこれらの理由も大使をして護衛無しですませるよう説得することはできず、また、上陸する人数を半数にするよう説得に努めたが、この点についても大使は屈することはなかった。武装した外国の兵士が上陸することは国が許可しないという主張は、恐らく彼らの要求のなかで最も許容できることだったろう。なぜなら、ヨーロッパの最も文明的な国であっても、こうしたことが実行されることは知られておらず、どの大使であっても兵士無しで外国の地に入ることを侮辱的と考えることはこれまでなかった。しかし、この問題は長崎奉行にとっては非常に重大であり、自ら判断できるものではなかった。そして、大使が上陸を許されるまで、この交渉に一か月が費やされ、恐らくそれはこの問題に関する指示を伺うために、江戸またはミアコに急使が送られたのだろう。

日本人に対するこの小さな勝利の後に、日本人が我々に義務付けた侮辱的行為について、再び最大限の言葉をもって示さなければならない。我々は上陸することが禁止されただけでなく、艦のまわりのわずかな距離をボートを漕ぐことですら、(15)許可されなかったのである。さらに六週間の交渉の末にようやくわずかな距離の散歩のための場所が認められ、それも大使の病気と称された配慮によるものであった。この場所は狭い湾の中の海辺に接したところで、陸側に高い竹の柵で遮断された場所であった。その広場の長さは百歩を越えることはなく、幅はせいぜい四十歩ほどで、すぐ近くには見張り小屋が二つ建てられていた。この散歩道を飾る一本の木しかなく、草もまったく生えておらず、完全に岩場の土地であった。この場所はもちろん意図された目的に答えられるようなものではなく、散歩のために利用されることもなかった。しかし、我々の天文観測にとっては大いに利用することができ、日本人がそれに対して妨害することはまったくなかった。この木鉢と呼ばれる散歩場に向けて艦からボートを出すやいなや、十隻ないし十五隻の船隊が直ちに動き出し、ボートの四方をとり囲み、ボートが艦にもどる際にも同様の行動がなされるのであった。

日本の番船と要塞

上司の役人の前で平伏する日本通詞（木鉢）

我々が長崎に到着した最初の日に、オランダ船の船長たちと知り合った。それ以来彼らとの交際を望んでいたのだが、私は彼らを訪問することを許されなかっただけでなく、オランダ人も我々の艦に来ることも許可されなかった。日本政府の野蛮な不寛容さというものはそれにとどまらず、バタヴィアに行く船を通して手紙を送ることも禁止され、我々の健康について家族に報告を送る楽しみも奪われてしまったのだ。大使のみが、ロシア皇帝あてに報告を送ることが許されたが、我々のカムチャツカから長崎までの航海についての簡単な記録と、艦上の船員全員の健康状態を報告するだけでしかなかった。この皇帝への書簡は通詞たちによってオランダ語に翻訳され、オリジナルの写しが奉行のもとに残され、文章は各行ごとにオリジナルと同様の文字で正確に終わるよう書かれていた。この写しは奉行のもとに届けられ、オリジナルは写しと比較された後に、二人の書記役によって艦に送られ、二人が居る前で、封印されるのであった。

オランダ船が出帆する時には、彼らの船にボートを送ることは一切禁止であることを命ぜられた。私がムスケティール船長とベルマーク船長とに対し無事の航海を祈ろうとした時、彼らの通過の際に、健康状態について尋ねると、彼らはメガホンを振って応答するだけであった。それに対しオランダ商館の館長は、大使に対して謝意の手紙をよこし、船長たちは我々の質問に対しては最小限の音を出すことも厳しく禁じられていたとのことだ。このような実に恥ずべき野蛮な行為は、言葉で言い表すことは不可能である。そして、自由を愛することに政治的立脚をもち、大いなる行動によって名声を勝ち得たヨーロッパの一文明国が、利益の欲望から憎むべき奴隷支配に対して服従と忠誠にかくも身を卑しめているとは、実に遺憾であると言わなければならない。立派な人々が、一人の番所衆(16)の前で数分間もの間、極めて惨めな姿勢で屈している姿を見るのは、ショッキングであり、言葉に表すことはできない。番所衆というのはしばしば最下級の人々に属する者であり、彼に向けられた挨拶に対して返礼として自ら頷くことすらしないのである。

ようやくにしてレザノフ大使の上陸が認められると、その滞在のために相当する建物が指定された。だが、コンスタンティノープルの七つの塔でさえ、我が梅が崎(17)の防備にはほとんど匹敵するものではない。なぜならこの地は「ロシア人の出島」であるからだ。出島というのはオランダ商館が置かれている小さな島の名前である。その家は海がすぐ傍にある陸の襟の上に位置しており、南と東側は満潮時には海水が窓のすぐ下にまで来るのである。「窓」とは言ったが、実際それは不適当な表現である。なぜならこの言葉は、およそ一足の幅の四角いスペースにあてられている物であり、二重の木枠でできた物であり、部屋にほとんど光が入らない。建物全体の周囲が竹のフェンスで囲まれ、陸に面した側だけでなく、波が来るにもかかわらず、海に面してさえも囲っているのである。この防備さえも、日本人は十分とは思っていないようである。このフェンスのほかに、入り口から海辺に、引き潮の間、二列の竹竿が運ばれてくるのである。それは何かというと、艦からボートがやってきても、これらの竹柵の間からしか上陸することはできず、いかなる目的も果たすことができない予防線となっているのである。

海からの入口には二重の錠で締められた大きな門が造られている。艦に近い持ち場にいる番兵が外側の錠の鍵を保管しており、梅が崎にいる別の番兵が内側のカギをもっている。ボートが海に出る時には、まず外側の鍵を持つ番兵がボートに付き添って外側を開け、その後に内側の鍵が外される。同様にして、陸にいる誰かが艦に向かいたいときには、梅が崎の保管者が内側の鍵を開け、外側の鍵の保管者が船に乗った際には、同じ義務を果たすために家側に補充されるという規則になっている。こうした警戒の上に、門は決して五分以上開け放しになることはない。そして時々はボートがすぐに戻ってくることを知りながらも、鍵の保管者は錠の開け閉めの面倒を苦にせず、短い時間の間でも開け放しにしないのである。

陸側も同様の注意を払って警戒される。大使の滞在する家に付随する非常に小さな庭の境界には頑丈な錠で締められた門がある。この門の反対側には我々に与えられた倉庫があるが、門の開け閉めがあまりに面倒になり、とうとう常に開けられたままになった。しかし倉庫の前の二番目の庭には、見張り小屋がとり囲むように並んでいる。十二名の士官が番兵とともに日々に警戒の仕事に交代で勤務し、さらにまったく新しい建物が三棟建てられた。これらは他の士官たちの住居にするためで、かれらは我々だけでなく、自らの番人たちをも注意深く監視するために雇われるに違いない。町に行くまでの道には、短い間隔で門があり、錠が懸けられるだけでなく、見張り番がついている。我々の長崎滞在の後半には、最初の二つの門は実際あけ放たれていたが、見張り番は一時たりとも離れることはなかった。彼らは常に上陸してくる人間の数を数え、ボートは同じ人数でなく戻ることは決して許されなかった。もし艦上の士官が梅が崎で夜を過ごしたい場合には、替わりに陸に居る誰か一人が艦に戻らなければならない。同様にして、大使に付き添っている士官の誰かが艦上で寝たいと思うときには、水夫の誰かが陸上に補充しなければならなかった。なぜかと言えば、陸上に居住する人間の指定された数は、増やすことも減らすこともできないが、この点では人の等級に関してはまったく注意が払われず、人数だけが問題なのだ。

艦載のボートはすべて修理が必要だったため、長艇には甲板を張り、底を銅板で覆う必要があり、陸上に引き揚げる場所を許可するよう要請した。そして確かにそうした場所が与えられたのだが、極めて狭く、限られており、満ち潮の時には作業することが不可能で、しかも木鉢と同様に完全に竹柵で囲われていた。しかも、大工たちが作業している間、常に二艘の小舟が監視し続けるのである。最小限の散歩をすることも許されず、天文観測の場所を建てることも拒否されたため、竹柵で我々を覆い隠すことのできない天空だけが眺められるのだが、場所が与えられないため、天空を利用することもできなかった。

＊　梅が崎の近くに連なる山でさえも竹柵で囲われていたのである。

木鉢では夜を過ごすことが許されなかったため、観測器具を設置することができず、観測はハドレイの六分儀による時間測定のための、同位高度を用いた太陰観測に限られた。

日本人の信用しない行動を示した数々の不満を証拠としてあげるとしても、一方では、艦の修理に必要な物資を求めた要請はほとんど直ちに同意されたことを否定することができない。その上に、船員たちは規則正しく食料を提供されただけでなく、その食料は常に長崎で得られる最高の質であり、要求した量が与えられたのである。我々が長崎を離れるまでに、八千ポンドのビスケットだけでなく、その他に二か月分の様々な食糧を提供してくれたのだ。皇帝〔将軍〕から船員たちに贈られたプレゼントとは別で、それについては後に述べることにしよう。しかし、金銭で物を購入することは、一切許されなかったのである。

続いて、長崎に到着した時から出発するまでに起きた様々な状況に関して、述べることにしよう。

長崎の町の近く梅が崎の風景

梅が崎の使節の住居

前章の最後に述べたように、我々は午後四時ごろに日本人の小舟に付き添われて長崎に向かって航行し、五時半ごろ港の入口に錨を降ろした。同じ夕刻、十時ごろに数名の役人、日本では banjos 番所衆と呼ばれる人たちの訪問を受けた。彼らは我々の招きを待つことなく、いきなり船室の中に入ってきて、カーペットの上に腰を下ろした。召使たちが各役人の前に提灯を置き、喫煙器具の入った小さな箱と、パイプに火をつける炭火の入った入れ物を置いた。これらは日本人に必要不可欠の道具で、煙管が小さいために、四回か五回吸っただけで煙草を詰め替えなければならないのだ。これら大物たちの付き添いはおよそ二十人で、その中には、数名の tolks 通詞、またはオランダ語の日本人通訳がおり、我々のクロンシュタット出発からの航海ルートについて非常に詳しく質問してきた。特に、朝鮮海峡を通って来たのか、あるいは日本の東海岸沿いに来たのか、であった。我々が東海岸を通ってきたことを知ると、彼らは喜んだ様子であった。そして我々が出発する際には、朝鮮と日本の海岸の間を通航することに非常に用心していることが分かった。

通詞の主席（名前はスキセイマ）〔石橋助左衛門〕は、多少の地理知識を持っており、少なくとも私が予想した以上の知識を示したのである。彼は、テネリフェがカナリア諸島に、またサンタ・カタリナ諸島がブラジルに属していることを知っていた。ところが後に分かったことだが、彼も、また同僚の全員が自分の国の地理について極めて無知であった。しかしこれは、彼らが知らないふりをしたのかもしれない。しかし彼らがより驚いたことは、そしてほとんど信用できないと思ったことは、我々のカムチャツカからの航海が一か月もかからなかったことだ。(18)

オランダ商館の甲比丹、すなわち館長であるドゥーフが番所衆と連れ立ってやってきた。しかし彼が艦に乗船することが許されたのは、一時間近くたってからのことだった。彼は秘書役と連れを伴って船室に入ってきたが、同伴者は港に来ていたオランダ船の二人の船長および Baron Pabst パブスト男爵という人物だった。彼らは船室に入るやいなや、全員が数分間、身を屈した姿勢でいなければならず、それは通詞からの極めて横柄な命令によるものであった。「甲比丹殿、番所衆主席に対して敬礼！」Myn Heer Opperhoofd, compliment voor de Opper Banjos！という命令である。この服従的、なおかつ卑下した礼儀に対して、番所衆は頷くことすらしなかったのである。いわゆるオランダ人の礼儀、コンプリメントは、ヨーロッパ人の屈身と、日本人の屈身との中間のようなものである。日本人は地に平伏し、頭を地につけ、上司から話しかけられることに従って前後に身をペコペコと動かすことである。オランダ人にとっては、身を地に投げ出すことは、その衣服によって極めて困難なことであり、またそのように教え込まれてこなかった人々においては、このような屈身の姿勢を求めることは期待できなかった。しかし日本人の習慣をできるだけ真似しようとして、オランダ人は、ほとんど直角の形になるまで、身を屈しなければならない。しかもさらに困難なことは、両手を前に伸ばしてこの姿勢のままで、許しが得られるまでいなければならず、自然の姿勢に戻れるには数分間はかかるのである。オランダ人が江戸で払った敬礼は、我々が今ここで見るのとは違ったものであるに違いない。なぜならば、江戸に行く前に、使節に付き添うすべての人間は敬礼の作法の訓練を受けることになると言われる。

日本人が我々に対し、この屈従的態度を強いることは決してなかった。実際、彼らが二度目の訪問をしてきた際、私が番所衆から話しかけられた直後に、通詞の一人が私の背中に優しく手を当てた。しかし私はこのことで彼の顔を真剣に見つめると、彼は手を引っ込め、それ以後同じ試みをすることはなかった。十二時ごろ彼らは全員退出し、翌日に再訪して、艦をさらに港の奥に運ぶことを約束していった。およそ二十艘の船が艦の周囲を警戒していた。彼らの旗には肥前侯の紋章が描かれ、同侯に属していることが分かる。教えられたところによると、筑前侯とともに長崎と周囲の地方に対し、同等の称号を持っている。我々の長崎滞在の間、これら二つの侯だけが交代しながら警護に当たっていた。大村侯もまた長崎の町のことに参与していたに違いなく、その兵士たちが頻繁に大使の警護に当たっていた。しかし、港内では、肥前も筑前も、どちらの旗も見ることはなかった。

通詞たちが番所衆に話すときに示す異常なまでの敬礼は、最初のうちこれらの役人たちの身分が非常に高いものと思わせたが、後に知ったところによるとその地位は至って取るに足らないものであり、さらに、奉行から一時的に身分を引き上げられているに過ぎないものであった。通詞が何らかを通訳しようとするときは、常に番所衆の前に両手両膝をついて身を沈める。この姿勢の状態で頭を下げ、二度三度とシューシューという音を口にする。あたかも自分の上役の周囲の空気を吸い込むごとくである。

＊　このように息を吸って歯の間からシュウシュウという音を発するのは、一般的に日本人が貴人の前で敬意を示す際の習慣である。

通詞は番所衆に対し、ほとんど聞こえないくらいの声で繰り返したため息を交えながら報告をする。オランダ人が数分間も続けて話したことを、短く、断片的な語句で通訳するのである。もしも通詞が番所衆から話しかけられると、彼は身を沈め、頭を低く地面に垂れて、絶えず「ええ、ええ」という単音節の語を繰り返す。これは「分かりました」ということを意味する言葉である。番所衆は常に自らを大いなる威厳をもって振る舞い、決して笑うことをせず、時々微笑でもって満足感を示すだけである。彼らは別の場面では何らかの作法を持っているようで、共通して下品な言動をすることに私は非常に驚かされた。彼らは、それが不適切であることを十分わかっていながら、例え、自分自身の感情が彼らにそのように言わせずとも、自己点検をすることは決してない。なぜなら、通詞たちは同じ習慣を持っていないからである。

日本人見張り番のいる部屋

会話中の日本人役人

番所衆たちの服装は、通詞たちも同様であるが、非常に幅の広い袖のある丈の短い上衣と、その下に足元まで完全に届く長上衣を着け、胴のまわりを帯で締めており、ヨーロッパの女性の服装に非常に似ている。しかし腰から下はずっと細く、そのために歩くのを極めて困難にしている。実際彼らは決して歩くことはせず、完全に強制されたときだけ歩くのである。これはすべての日本人の日常の服装である。そして富める者と貧しい者の服装の唯一の違いは、前者は絹織りの服であり、後者は粗い毛織物である。上衣は一般的に黒の色だが、いくらか違った色の物もあり、長上衣はほとんどが色の混じった物を着ている。誰もが自分の着物の様々な部分に家紋を施しており、およそドル貨幣の大きさで、男女ともに同じ習慣になっている。この方法によってどこの人間かが識別され、どこの家の者かが簡単に分かることになっている。若い女性は結婚するまでは自分の父親の紋章を着けるが、結婚後は夫の紋章を着けることになっている。諸侯や奉行がいずれかの者に授ける最大の名誉の印は、自分の家紋を施したマントを与えることであり、贈られた者は、自分の家紋を長上衣に施した着物の上にそれを身に着けるのである。

レザノフ大使はしばしば知らされたのだが、もし皇帝〔将軍〕がその紋章の入った着物をプレゼントとして贈られることになれば、それは大使にとって至福のものになるだろうと。一般的に日本の織物には家紋が染めつけられるが、中国の織物では刺繍が施される。冬の時期には、日本人は五枚か六枚の着物を重ね着する。一月や二月は、非常に底冷えのする天気なのだが、彼らが布地の服や、革製の服を身に着けるのを見たことがない。不思議なことに、日本人は足を覆うという考えをもっていない。彼らの足袋は、脚の半分すら覆うことがなく、毛織で縫われた物である。靴の替わりに、藁で作った足裏を履くだけで、親指にある種の紐で留める。日本人の床は常に藁を編んだマットが敷いており、部屋に入るときにはそれを脱ぐのである。上流階級の人々は良い靴を欲しがるという感覚はほとんどなく、なぜなら彼らは滅多に歩くことはなく、一日中、脚を折り曲げて座っているからだ。しかし恐らく全国民の九割ないし十割を占める貧困層は、冬の期間を通して非常に苦痛に思っているに違いない。日本人は同様に頭を覆うことをしない。頭を半分剃り上げているにもかかわらず、二十五度の暑さに対して日傘で防ごうとする努力もしない。また、冬の間、気温が一度か二度の寒さにも、非常に厳しい北風にも同様に無頓着である。しかも雨の天気の時も、決して雨傘を使おうとしない。髪の毛は非常に強い髪油を使ってぴかぴかに磨かれ、頭のてっぺんで結われ、小さい結び目で仕上げられ、前面は額に届くほどまで湾曲した髪型を作っている。おそらく日本人の化粧には相当な時間がかかるものに違いない。なぜなら彼らは髪油をすり込んで髪を梳かすだけでなく、毎日頭を剃るからである。この頭を剃るという作業は、あごひげを剃るということにはせず、小さなはさみで髭を抜き取るため、髭が伸びることがなく、こうしたはさみや金属製の手鏡はあらゆる日本人の手帳のなかに入っているのである。彼らは綿の下着を着けることはないが、たいへんな清潔好きの人間であることは否定できない。我々の感覚では下着なしでは、これほどの清潔感は感じられないのだが。しかしこの清潔感は見た限り、あらゆる層の日本人を支配している感情であると思われる。

翌日の午後四時ごろ、奉行からの贈り物として、魚、米、鶏が艦上に運ばれてきた。運んできた小舟は、我々に数名の高官が訪問してくることを告げた。そしてほどなく、旗を飾った大きな船が数隻の船を伴って、絶えず太鼓を打ち鳴らしながら、我が艦に向かって引き船で曳かれてくるのが分かった。通詞の報告によれば、彼らは奉行の筆頭秘書、会計係、Ottona 乙名または市長であった。最初の者たちはカーペットの上に座り、他の者たちは右手の椅子に腰かけた。だがなにより、一緒についてきたオランダ人たちは一行のなかで我々にとって最も好ましい人たちであった。特にムスケティール船長は英語、フランス語、ドイツ語を話し、また非常に知性的な士官で、彼との会話は極めて興味あるものだった。そして日本人たちの猜疑心のために、船長との交際を妨害され続けられたことは、最大限悔やまれることだった。

番所衆たちの今回の訪問の目的は、艦が保有している弾薬と武器を取り上げることと、艦をパッペンベルク島の西側に移動させることだった。彼らは艦を島の東側に移動することを拒否し、その口実は、そこには中国のジャンク船が五隻停泊しており、航路全体を占めているということだった。深夜、我々は錨を上げ、およそ六十艘の小舟によって新しい投錨地に曳かれていくことになった。そこはおよそ二マイル半離れたところである。この移動が行われた様子の整然たることは、まったく称賛するしかない。曳船の船隊は、十二艘ないし十八艘からなる五列に分かれ、極めて整然として持ち場を保持し、一度も乱れることがなかった。逆風にもかかわらず、時速二マイルの速さで進み、朝の四時ごろに、水深二十五尋〔約四十五メートル〕のところに投錨した。即時に三十二艘の番船の小舟にとり囲まれ、艦のまわりに円周を作り、いかなる船舶もそれを割って入ることは許されなかった。パッペンベルク島の西側は波風に曝されており、風が強くなるたびに、番船は度々持ち場を離れなければならなかった。しかし天気が少しでも回復してくると急ぎ持ち場に戻り、それは一日に二度か三度繰り返されるのだった。番船のなかには白、青、白の皇帝旗を掲げる船があったが、大部分は肥前守様、または肥前侯〔この頃藩主は鍋島治茂〜斉直〕の旗を掲げていた。大きな船で、平甲板を持ち、ブルーの布地で覆い、二本の帆の先端が目立っていた。船尾のほうは士官を示すものだ。これら三十二艘の小舟の他に、三艘の小舟が我が艦の近くに留まっており、我々の注文を受け取るためである。

十月十二日午前四時、例の中国船隊が出帆した。これらのジャンク船の構造は良く知られており、ここで書く必要はない。我々は、彼らが帆を上げる際の技量の無さ、困難さを目撃した。ジャンク船の船員の数は、明らかに百人はおり、帆をあげるのに二時間近くかかっている。驚くべき奇声を発しながら、ひとつの帆をあげるのに、巻き上げ機を使ってこの作業をするのである。港から出るやいなや、彼らは中檣帆をあげるが、それは帆木綿で作られている。下端の三つの帆は、良く知られているように、敷物で作られている。こうした惨めな装備では、最も好都合なモンスーンの時期にしか航海できない。周囲に巻き起こるちょっとした嵐でも、彼らを大きな危険に曝す。昼頃、風が北東から北北西に変わったが、これは彼らにとってはむしろ好都合だったが、元の停泊地に戻らざるをえなかった。彼らにとってこれは二度目のことだったが、三度目は風が北東で吹き続けたため、海に出ることに成功したのである。

十月十一日、十三日、および十五日、我々の計算によれば、（これは一日遅れているのだが）日本人は祭りを祝った。オランダ通詞たちは、これをKermes ケルメス〔長崎くんち。諏訪神社の祭礼〕と呼んでいた。この日取りは確かに、現地の人々の非常に賢いやり方で、彼らの宗教的、国民的祭事を数日間続けて行うのではなく、常に祭の間に仕事日をはさむことにしている。こうした方法によって彼らは仕事に邪魔されることなく、また中断することもない。数日間も続く祭りは、人々の健康やモラルに一様に有害であり、その上に多くの時間が浪費される。そして放蕩の生活が三日、四日と続けば、仕事に必要な休息や平穏さを回復するにはそれ以上の日数がかかるし、仕事は明快で、妨害されない精神を必要とするのである。日本人には日曜日がなく、祝日もほんのわずかしかない。そのなかでケルメスと正月は主要な祝日である。

十月十六日十一時ごろ、番所衆が百艘近い曳船とともにやって来た。我が艦をパッペンベルク島の東側に曳航するためで、我々はそこに一時に投錨したが、水深十八尋〔約三十二メートル〕、薄い粘土の上であった。小さな錨が艦の南東方向に投じられた。日本人によれば、その方向のほうが北西よりも安全とのことだ。艦が台風の間に損傷しており、それ以前にも水漏れがあったため、修理が必要で、もっと港の奥に曳行してもらえるよう要請したが、無駄であった。拒否された理由は、これまでに江戸からの許可が得られていないとのことだった。さらにもう一つのまったく馬鹿げた理由というのは、これは実に我々を馬鹿にしたと思われるものだが、つまり、大使のような偉人を乗艦させた艦船を、オランダ船のような商船と同じ航路に停泊させることはできない、というのである。しかし、オランダ船が出帆することになれば、直ちにその場所を占めることになるだろうとのことだ。

十月二十一日、奉行側から通詞が知らせにやって来たが、翌朝オランダ船がパッペンベルク島に向けて進むが、どのようなことがあっても、我々がオランダ船にボートを送ってはならない、とのことだ。また同時に、オランダ船が礼砲を放っても、それに対して礼砲を返すことがないよう警告をしてきた。オランダ船の礼砲は、皇帝旗に対するものであって、我々ロシア人に対するものではないとのことだ。この警告はさらに馬鹿げたことであった。なぜなら奉行はすでに我々の火薬すべてを取り上げることを命じていたのである。したがって艦上には一オンスの火薬もなかったのである。それに加え、仮に我々に対する礼砲だとの虚栄心があったとしても、礼砲を返すことは不可能であっただろう。なぜなら、少なくとも四百発が、六時間の間に、短い間隔で放たれるからである。二隻のオランダ船は、我々の北東一マイルのところに錨を降ろした。そして奉行が言ってよこしたことは、オランダ船が海に出れば、すぐに彼らの場所を占めることを許可するとのことだ。しかし、港の奥に入ることが許されなかったのは、そのことに関して江戸からの命令がまだ届いていないからであった。しかしこの約束は時間通りに実行された。十一月八日、オランダ船は出帆し、九日に二人の番所衆が曳船を連れてやって来た。そして夕方六時ごろ、我々は港の入口の南東および北西の側にある要塞の間に錨を降ろすことになった。水深十三尋、海底が緑色の泥の上である。我々の航行のコースは、北東ないし東、水深は十八尋から十三尋へと浅くなっていった。二番目の錨が南東に向けて投げられた。町からの距離は二マイルである。

私は、できるだけ早く艦の損傷を修理したい気持ちに駆られていた。しかし、レザノフ大使に対しては贈答品とともに上陸する許可がいまだに届いておらず、そのために艦の荷物を陸揚げすることはできなかった。奉行は中国ジャンク船を我々に送ってよこし、陸上での居住に関して江戸からの命令が来るまで、贈答品とともに移動してはどうかということだった。中国人は木製の錨を使用していたので、より安全のために、我々の錨を一つ与えたが、しかしジャンク船の船室は極端に悪く、それ以上に大使は、贈答品とともに残らなければならないと宣言し、乗り移ることに同意しなかった。その結果、中国船は長崎に送り返され、すべて元のままとなった。しかしながらこのお陰で、この怪物と言うべき海の建造物をより近くで調査することができたのだ。

こうして艦の艤装を完全に解き、マストと帆桁を木鉢に送った。我々は元の場所から移動はしたものの、この場所、木鉢は失っていなかったのである。

十一月二十四日、江戸からの飛脚便がまだ届いてはいないが、奉行が自分の責任において大使に陸上の家を与えることになったことが大使に知らされた。しかし、兵士たちが付いてきてはならないとのことだ。大使がこのことに同意しなかったことは、すでに述べたとおりである。奉行は同時に、江戸からの飛脚が到着次第、間違いなく、大使に相応しいより大きな建物を手にすることになることを約束した。通詞たちが持ってきた見取り図によると、すでに梅が崎の家は、非常に広々としていたのだが。何が奉行にそうさせる気になったのか、それを言うのは極めて難しい。奉行の言動には常に、威厳と尊大さをもっているようであり、我々はその後、奉行たちが、決まって虚偽の情報を送ってくるという気前の良さの証拠をいくつか得たのである。

＊ 長崎には、二人の奉行がおり、六か月ごとに交代する。二番目の奉行は我々の長崎到着の数日後に着任したのだが、元の奉行は留まっていなければならず、なぜならば、彼の統治の期間に我々が到着したからである。〔この時、成瀬印旛守正定、肥田豊後守頼常〕

例えば、我々が到着した時に約束したことは、非常に多くの空虚な言葉である。後に我々は学んだのだが、実にケンペルやトゥンベリが書いた通りだろう。江戸からの回答を受け取るには三十日あればできるし、二十一日間で長崎からの往復ができた例もある。通詞たちはこのことを決して認めようとせず、道路が良い状態であっても、往復には三か月はかかるし、この時期にはより長い日数がかかるだろうと主張した。さらに、奉行が同意することはすべて、自己責任においてであることも話していた。しかしながら、奉行が江戸からの至急の命令無しで、町の中に大使のための家や贈答品用の大きな倉庫を許可するはずはないだろう。木鉢に散歩のための場所を提供しようとした時の彼の気遣いは、彼の権限が限られていることを十分に表している。我々が長崎に到着したことは、日本においてはあまりにも重大事であり、なぜならば、幕府は我々ロシア人の状況に関してほとんど知らされることはないのだ。通詞たちが艦を訪れてきた度ごとに、あらゆる言葉と仕草をもって至急便が送り出され、それらはこの国の猜疑心が強く横柄な国民に対してしばしば疑心を増大させ、自尊心を傷つける性質のものであっただろうと私は確信する。後に学んだことであるが、公方、または現世の皇帝は、この重大事にあっては内裏と相談することなしには何事も決定することはできないのであった。しかも公方はこの重要人物の希望を確かめるために、我々のことに関して使節を送るに及んだという。内裏は何ら政治上の実権を持っていないが、その宗教的性格のために日本人から最大の尊敬を受けている。したがって長崎の奉行は、江戸からではなく、内裏が住むミアコから指示を受けていたことは十分ありうることである。そして私は、兵士に関することについての争点は奉行だけでは決着できないだろうと説得されているのである。この従卒に関する談判が始まってからレザノフ大使の梅が崎への入居に至るまでに、二十一日間かかっているが、その間に、江戸からは返事が届くだろうし、したがってミアコからはずっと早く届くはずである。

十二月十七日、レザノフ大使は上陸することになり、そのために肥前侯が自分の船を送ってよこした。長さが百二十フィートを越え、これまで見たことがないほどの、すべてが豪華な造りであった。多くの船室の壁や天井はすべて素晴らしい漆塗りの装飾が施されている。階段は赤色の木で作られ、漆塗りと思われる見事な塗装で磨き抜かれている。甲板はマットと非常に高価なカーペットが敷かれている。ドアのカーテンは高級な布地である。船全体に二列の様々な色の絹地が張られている。大使が船上に踏み出すと、ロシア国旗が掲揚され、肥前侯の旗と一緒になびいた。大使に付き添う護衛は、ロシア国旗に近い上部甲板に場所を占める。日本政府の要塞は、新しい旗と幕で飾られ、最良の衣服を着た日本人部隊が群れている。数え切れないほどのボートが船をとり囲み、町まで大使に付き添った。かくして大使の長崎上陸のセレモニーは、強大なロシア国王を代表する者に相応しいものとなった。しかし大使が上陸して住居の中に入るやいなや、両側の門が閉められ、日没時には奉行のところに鍵が送られたのである。

肥前侯の船

日本人の容貌

レザノフ大使が上陸した翌日、二人の番所衆が多くの小舟とともに贈呈品を受け取りにやって来た。大鏡を陸揚げするために二艘の小舟が結びつけられ、小舟の間に強い厚板を張って壇を作り、筵が敷かれ、その上部には全く不必要と思われる赤い布が掛けられている。私はこの貴重な掛物を大鏡に掛けても、何の役にも立たないから取り去るよう説得したが、無駄であった。日本においては、皇帝にかかわることすべてに対する敬意は非常に大きなものがあり、経済的配慮はまったく認めないのである。直ちに守備兵が小舟に乗り込み、大鏡の傍に立ち並んだ。

次の逸話はこの国、いやむしろ日本政府の精神を特徴づけるものである。私は通詞の一人に、どのような方法でこの大きな鏡を運ぶのか聞いてみた。彼は、鏡は陸上で江戸まで運ばれるだろうと言った。それに対し私は、それは実際無理だろうと答えた。江戸までは相当長い距離だし、鏡はそれぞれの皇帝に不可能なことは何もない。少なくとも六十人は必要になるだろうと。彼が答えて言うには、日本運ぶのに半マイル毎に交代で、少なくとも六十人は必要になるだろうと。彼が答えて言うには、日本の皇帝に不可能なことは何もない。そう主張する証拠として、およそ二年前、中国皇帝が日本皇帝に生きた象を贈呈したが、長崎から江戸まで運んだのだと。そして別の機会に通詞の一人から聞いた話は次のとおりである。彼はそれを皇帝の力量の証拠としてではなく、単に最近起きた事実として話したのだが、ほとんど克服できない困難と思われることであっても、それを顧みることなく、皇帝の命令がいかに忠実に実行されるかを十分に示している。一隻の中国ジャンク船が嵐に会い、マストと舵を失って、日本の東海岸の尾張の港に打ち上げられた。古来の法の規則に従って、日本の海岸に立ち寄った外国船のすべては、事故であれ、嵐によるものであれ、直ちに長崎に送らなければならないため、この船も、非常に悪い状況であったが、長崎に回送するよう命ぜられた。日本においては、こうした場合は曳船による方法以外には実行できないため、尾張から大坂の港まで引っ張っていくのに、数百艘の曳船が送られたという。その航行は、この海岸で頻繁に起きる強風の最初の一吹きで、船も曳船もともに海底に沈んでしまうこともありそうである。大坂の港からの航海は実際さほど危険なことはなく、なぜならその航路は海洋ではなく、日本島と四国、九州の島々の間の内海だからだ。この中国船の曳航には十四か月を要し、百艘の曳船、継続して六百名の人間が雇われるという莫大な費用がかかったに違いない。最小限の費用で、自然な方法は、船を解体し、あるいは焼却してそれを支払い、貨物は長崎の中国人に送るということだろう。しかし、それはこの国の法律に反することなのである。

十二月二十二日、レザノフ大使は、江戸からの飛脚便が到着し、ナジェージダ号を修理のために港の内側に運んでよいとの指令があったことを知らされた。そして翌朝十時頃、北東からの風が非常に強く、雨が激しかったが、二人の番所衆が小船隊とともに到来した。艦は港に向けて曳航されたが、その場所はオランダ人の出島と梅が崎との間、陸地から四分の一マイルぐらいのところで、水深五尋に投錨し、船尾錨を北東に向けて投錨した。同じ日、二隻の中国ジャンク船が到着し、さらに数日後に四隻が到着した。七番目のジャンク船は五島列島で嵐に会って座礁したが、乗組員は全員救助され、数週間後、日本人の小舟で長崎に運ばれた。

次に述べることは、非常に不完全ではあるが、中国人の貿易に関してこれまでに私が集めることができた情報である。

毎年、十二隻の船が寧波（ニンポー、日本人はSimfoと発音する）から長崎に来航することが許されており、うち五隻は六月に到着し、十月に出帆する。他の七隻は十二月に到着し、三月か四月に帰る。彼らの積荷貨物は、主に砂糖、象牙、ブリキ、鉛、絹織物、そして茶である。この最後の商品、茶は中国からの輸入品であり、実に通事たちからは教えられたことではなかった。しかし我々が長崎を出発する時、彼らは中国茶と日本茶のどちらを選ぶかを聞いてきた。我々は日本茶を選んだが、中国茶よりもずっと質が悪いことが分かった。私は、日本茶について語られていることには、たいへん誇張があると思う。我々が到着して程なく、奉行がレザノフ大使にプレゼントした小さな茶箱や、奉行の家での謁見の際に士官たちが飲んだ茶は、中国茶の良質なものと比べると非常に劣っている。

＊　日本人は専ら緑茶を飲み、一方中国人は常に紅茶を飲む。

日本からの輸出品は、銅、樟脳、漆器、傘であるが、とりわけ烏賊であり、これは中国では薬用に使われる。これらの他に、海藻類、乾燥した大貝、日本ではAwaby鮑と言う名前で知られており、食料品であり中国では非常に旨い食べ物とされている。我々自身も、悪くない食べ物と思った。そして船の食糧としてもたいへん良く、数年間も保存できる。中国ジャンク船の数からすると、彼らの積荷貨物はかなりの量であると考えられるが、ジャンク船のサイズは四百トンを超えることはない。しかし私が思うには、五百トンの船二隻あれば、十二隻のジャンク船が運べる貨物を容易に積み込むことができるだろう。ジャンク船一隻は、十二時間を要して荷下ろしをするが、まったく無秩序に行われ、小さな袋や箱からなる貨物は船から放り出され、商品自体にも、受け留めるボートに対しても配慮がなされない。一ジャンク船の索具装置は、わずかな横静索よりも少なく、重量のある品物や、注意が必要な荷物を上げ下げする方法を持っていない。荷下ろしの際のこのような異常な怠慢のもう一つの原因は、そこに中国人自身が居ないことである。彼らが到着すると、その日のうちに船長と乗組員全員が商館に連れていかれ、日本人が直ちに船を占拠するのである。さらに彼らは出発する数日前まで、船に戻ることは許されないのである。船の荷下ろしが終わると、最初の新月または満月の機会を利用して、満ち潮の時に船を引き揚げ、引き潮の間、砂上で乾燥させるのである。彼らの船の構造は、こうした取り扱いによってもわずかな損傷を受けることのない性質で、また彼らの不親切な主たちも恐らくどのような事故を被ってもあまり関心を払わないのだろう。これら毎年到着する十二隻の船の他に、常時二隻の船が抵当に入っている。そしてそのうちの一隻を我々ロシア人のために使ってよいとした安易なやり方は、日本人がいかにそれらを自分たちの所有物と見なしていることを示しているのである。中国人に対してほとんど配慮がされていないことの証拠がもう一つある。なぜかというと、奉行の家の周囲の倉庫は、我々の船が所有する空の水樽をすべて収容するには不十分なために、日本人は梅が崎の近くにある中国人用の二つの倉庫の中に、我々のための場所を直ちに空けてくれたのである。

長崎滞在の全期間にわたり、朝鮮や琉球からの船は、近い国であるにもかかわらず、一隻も見ることがなかった。これらの国と日本との間の交渉は、しばらく前に途絶えてしまったといわれる。この事情は、レザノフ大使が長崎を出発する際に、届けられた手紙の中に、述べられている。寧波と長崎間で貿易ができるようになれば、ヨーロッパ諸国にとっては非常に有益になることだろう。その距離は経度において十度以下である。そして長崎は寧波の真東に位置し、モンスーンの季節でも航海でき、しかも四日間以上かかることはない。

十二月二十五日、艦の荷揚げ作業が完了し、積んでいた二百船トンの重量のバラストも荷下ろしした。艦の修理を開始したが、水漏れ箇所が発見され、予想していたように船首部分であった。しかし大変うれしいことに、他の木造部分はすべて非常に良好な状態にあった。銅板全体は状態が非常に悪くなっていた。傾船作業でなくとも、できるだけ下部にまで、日本製の銅板で覆うことができるようになったことは喜ぶべきことであった。しかし、ここの海岸は泥の状態のため、それはまったく不可能だった。奉行は、我が艦の修理のために必要なものはすべて供給するよう江戸から指令を受けていたので、私に対して銅板をミアコから取り寄せることを申し出た。なぜなら、長崎で得られる銅板は非常に薄く、艦の船底を覆うにはまったく適していないからだ。しかし、この薄板については、我々の平底荷船や大型ボートに使用するために五百枚を手に入れた。レザノフ大使は、江戸に向けて航海する折に、この銅板を注文することを考えていた。しかし日本人たちは、その時には使節が江戸に進むことはないだろうということと、また江戸からの高官の到着がすでに知らされていることを知っており、この面倒なことに煩わされることがないことが分かって、少なからず喜んでいたのである。

一八〇五年一月十四日、皆既月食があった。しかし厚い雲のために、月食の開始を見ることができなかった。しかし、いくつかの斑点が黒くなるのをはっきりと目撃し、月が月食の陰から再び姿を現すのを見ることができた。ホルネル博士はドランドの天体観測望遠鏡を使用し、私はラムスデンの長さ約三フィートの陸地測量用の望遠鏡を使用した。この月食は、長崎の地理上の経緯度を確定するには影響することはなかった。この経緯度は、すでに繰り返し行った太陰観測や一、二の星の食によって、より正確に得られていたので、そのほうが不完全な月食観測よりも正確であった。日本人たちはこの日、月食が起こることを知っていたが、彼らの暦には、月食の開始時間が書かれていなかった。私は日本人の天文知識について記録を集めようとしたが、その記録はあまりに不満足な内容で、ここに述べることはできない。

この国では最も知識のある人間は疑いなく通詞たちであるが、彼らがどの場所の経度や緯度のことをまったく知らず、何らかの努力を要する科学の知識において大きな進歩があろうとは、ほとんどあり得ないだろう。通詞たちの報告によれば（また、恐らくこの場合、彼らがこうした作り話をすることとははるかに能力を超えていると思われ）、日本の北部、江戸からあまり遠く離れていない住民のいるIssis伊勢と呼ばれる寺院があり、日食や月食を予言する術をもっているという。数百万の国民のなかでわずかな人間が天文学の知識を有するという、伊勢に関して情報を得ることは興味のあるところだったが、知識のない通詞から聞き出すことは到底できるものではなかった。日本人の天文学の知識について書かれた記録はない。あるいは、隣国中国と同様、ほとんど進歩していないのかどうか、中国の君主のなかにはこの科学に興味をもち、奨励した王は何人かいる。もしもレザノフ大使が江戸に行く許可を得られたならば、随行の希望を持っていたホルネル博士は、天文観測の器具を携え、この天文の女神ウラニアの寺院の近くでこの問題での重要な情報を得ることができただろう。トゥンベリが述べたところによれば、江戸の医者のなかに科学的知識に興味を持つ者があり、多分彼は、この課題で情報を与えることができる医者に会っていたに違いない。伊勢による日食と月食の予言は、日本の暦のなかに書き込まれている。暦には二種類あり、富裕者向けには完全なものだが、貧困階級向けには省略版で、毎年江戸で発行される。

一月十六日、私はレザノフ大使から大至急の用事で呼び出された。そこには二人の番所衆と数名の通詞と助手がおり、ヨーロッパから連れてきた日本人の一人が自ら命を絶とうとした事態であった。しかし発見するのが早かったため、彼の目的の遂行を防ぐことができた。大使の家に居住していたラングスドルフ博士[19]が、ただちに止血の処置を行った。男は剃刀で自らの喉を切りつけ、日本人警備によって阻止されたが、奉行にはそれが知らされなかった。男は遣わされた番所衆が到着するまで、血を流しながら横たわっているしかなかった。エスペンベルク博士も、ラングスドルフ博士も、ともに男を介助することを許されなかったのである。男は日本人の外科医と内科医のところに運ばれ、幸い、傷は危険な状態でないことが分かった。

奉行は、我々が長崎に到着した時には、レザノフ大使に対し四人の日本人[20]を引き渡すよう要求したが、大使は自ら皇帝に贈呈することを意図して、これを断った。数週間後、奉行の側から再びこの要求が出されたが、同様に応じなかった。しばらくして後、大使の側から、奉行に日本人を引き渡そうと申し出たが、奉行からの答えは、これまで二度の要請にもかかわらず手放そうとしなかったのだから、ひき続き大使のところに留め置くよう、言ってきた。だが、江戸に急使を送り、どのようにすべきか、指示を仰ぐことを約束した。それ以降、何の返事もなく、日本人たちが大使の家を立ち退いたのは、我々の長崎出発の日であった。彼ら不運な日本人たちは、十四か月もの退屈な旅の後に再び祖国を見たのだが、そこで七か月間も監禁状態で過ごさなければならず、その後にも自分の家族のもとに帰ることが許されるのかどうかも疑わしいのである。彼らがロシアで過ごした自由で安楽な生活を放棄して日本に帰ろうと思った唯一の動機は、家族との再会であったのだが。この哀れな人間[21]が自殺を図った詳しい理由は、容易には分からないが、日本人がみずからこの世を去ろうとする原因はまったく分からない。おそらく自分の国に帰ってきたものの、家族に会えないかもしれないという絶望からだろう。あるいは、一七九二年にラクスマンが日本に連れ帰った彼らの運命が、家族との最小限の交際も認められず、永久に監禁されるという情報が彼に伝えられたのかもしれない。さらにまた別の動機が挙げられる。それは、もしそれが本当なら、第五章で明らかにした日本人の性格に関する残酷な見解を正当化することかもしれない。我々が長崎に到着して間もなく、かの日本人は番所衆に対して書き物を渡したという。そのなかで彼は、ロシアでは日本人たちが冷酷な扱いを受けたことの不満を述べるだけでなく、ロシア人が極めて頑迷なキリスト教信者であると書いており、さらに漂流者のうち七名がキリスト教への改宗を強制されたと付け加え、今度の航海の目的は主に日本にキリスト教を持ち込もうとしたのであると伝えられたのである。この男がこのような卑怯な行動に出たのは、全く彼に最大の悪意があってのことと言わなければならない。なぜなら、彼は他の日本人たちと同様、ロシアでは極めて親切な扱いで遇せられ、出発に当たっては皇帝からプレゼントを受け取り、艦上ではあらゆる配慮をもって取り扱われたのであるから、かれが復讐心に駆られたことはあり得ない。しかしこの書き物は何の効果もなかった。そして彼の目的が失敗した絶望からか、自分の犯した残忍な行動を自覚したからか、おそらく自ら命を絶とうとしたのだろう。彼は傷が治ってからは、ロシア人はたいへん良い人々だが、自分自身は非常に悪い人間だと、そして自分の命がすぐに終わることを望んでいると、たびたび言っていたという。

二月十九日、レザノフ大使は公式の通知を受け取った。日本皇帝が交渉の全権(22)を持つ人物を、八人の高官とともに、長崎に向けて派遣したとの知らせだ。通詞たちは大使に対し、もはや大使が江戸に行く機会はないだろう、とは明確に言わなかったが、それは容易に推察されることであった。皇帝が遣わした人物は最高位にあり、通詞たちが使う表現の仕方によれば、皇帝の足元を見ることは許されるが、それ以上高く視線をあげることは決してできないと。この栄誉は長崎奉行でさえも許されていないという。そしてそれほどの重要な人物が単に大使を江戸まで付き添うために派遣されるとは、考えられなかった。通詞たちの来訪は、我々が四月初めに出発することを日本政府が切に願っていることを十分に知らしめるものだった。二月二十七日、通詞たちは艦にやってきて、奉行の名において、我々の健康状態を尋ねてきた。そして彼らが私に対して行った質問から、私はそれを聞いて大変うれしかったのだが、彼らの来訪の主な目的が、我が艦がどれほど早く出帆の準備が整うかを知ることであることが容易に分かった。そうした彼らの思わせぶりに気づかざるをえなかった。それゆえ、私は出帆の準備を開始し、我々の必要物資をすべて直ちに供給されるよう、日本人の側に遅れを生じさせるような苦情を出すことはしないようにした。

ところが、三月十日になってようやく、主席通詞のスキセイマ〔石橋助左衛門〕がレザノフ大使に知らせてきたことは、大使が江戸に向かうことは許されないとのことだ。また、日本人全権が十日か十五日の間に長崎に到着する予定で、その後にロシア艦は出発の準備が整い次第カムチャツカに帰るべし、とのことだ。さらに通詞は、皇帝の命令で、日本国内ではわずかでも購入することは許されないし、ロシア艦に対して二か月分の食糧の他、必要な物資はすべて無償で提供することを知らせてきたのだ。

我々の計算によると三月三十一日、または四月一日、長崎でムスメ・マツリと呼ばれる祭礼が行われた。この祭りの主な特徴は、この機会に両親が子供たちに人形を贈るということだ。この祝日の目的は重要なものではないと思われたが、日本では非常に大切にされているものに違いなく、子供たちの娯楽のために二日間充てられるのだ。そして祭りの間、陸上でボートの修理に雇っている大工たちに仕事を休ませるよう、要請されたのだ。

使節の長崎上陸、奉行所への行列

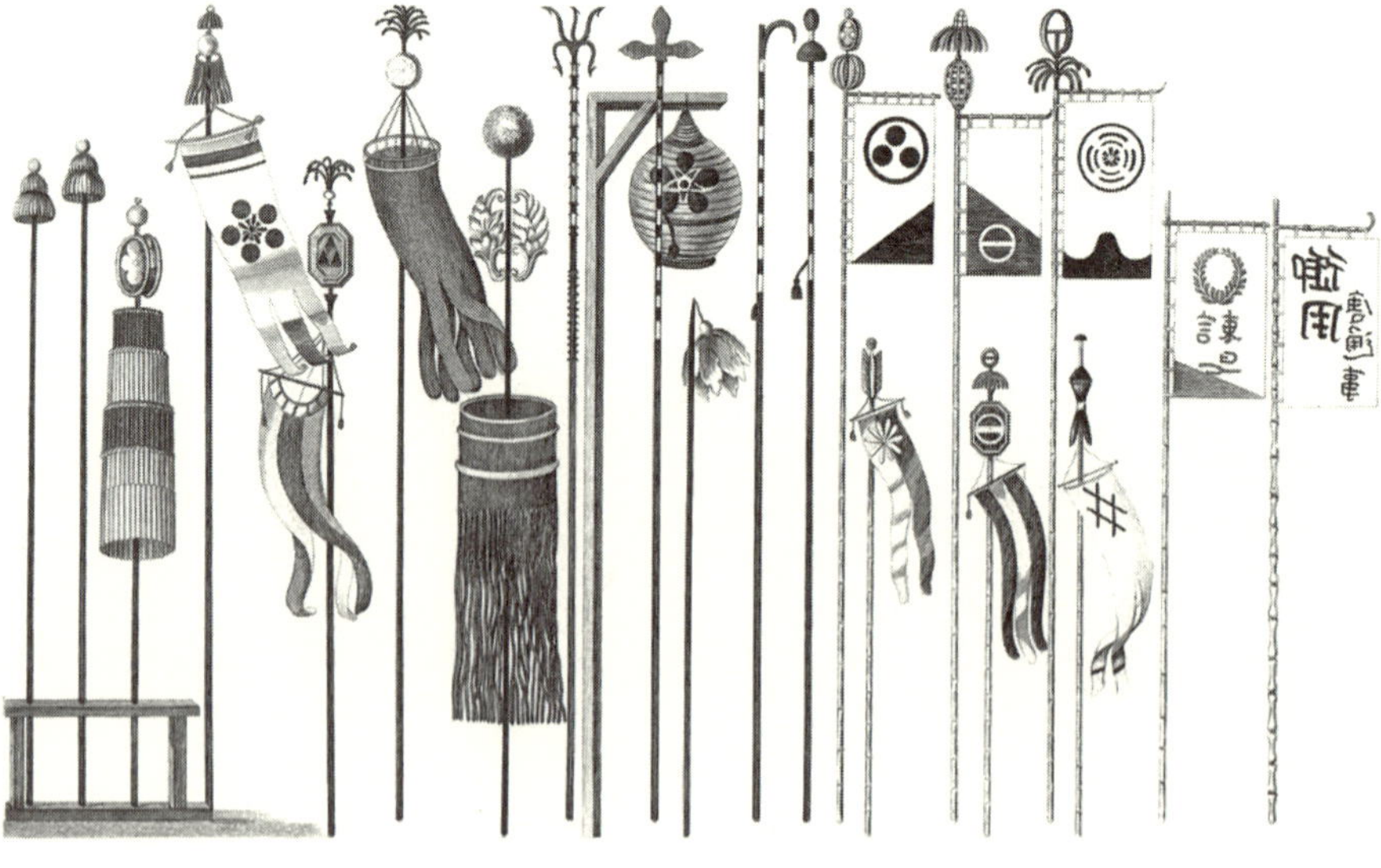

日本の旗幟

三月三十日午前十一時ごろ、江戸からの全権が到着した。四月三日に開始された謁見の儀式に関する協議は双方とも非常に暖かい雰囲気のなかで行われ、レザノフ大使は日本の代表に対し日本式の礼ではなく、ヨーロッパ式で行うこととされた。この日本式の礼というのは実に品位を卑しめるもので、ヨーロッパでは最下層の人間でも従うことはできないものである。だが、大使は帯剣することなく、また靴を脱いで姿を現すことが求められた。また、椅子またはいかなる種類のヨーロッパ式の座席を使うことも許されず、奉行や全権の前で、床の上に自分の身の下に脚を折り込んで座る必要があるというものだ。この姿勢と言うのは、どうみても極めて不都合なものである。大使は専用のノリモン〔乗物〕、またはセダン型の座席が許されたが、彼に付き添う士官たちは歩いていかなければならないのである。

四月四日、最初の謁見[23]があり、大使は旗や幕で飾り立てた大きなボートで運ばれることになった。大使に付き添う五人は、フリーデリチ少佐、フョードロフ大尉、コシェレフ少尉、ラングスドルフ博士、そしてフォッセ宮廷顧問官で、その他にロシア国旗を持つ軍曹である。大使は出島の北側、通詞たちが Mussel Trapp と呼ぶ場所〔大波止[24]〕に上陸した。上陸の機会に簡単な挨拶が交わされ、大使に対して重要でない質問が行われた。二回目の謁見は同じ儀式で執り行われ、交渉は終了した。大使の手に必要な文書[25]が手渡され、それにはロシア船が再び日本に来てはならない、という命令を含んでいた。そして贈呈品やロシア皇帝からの書簡さえも受け取りを拒否されたのである。以後日本人がロシアの海岸に漂着した場合には、オランダ人に引き渡され、バタヴィア経由で長崎に送るべしとのことである。さらに、いかなるプレゼントも金で物を購入することもしてはならない、またオランダ商館へ訪問してはならないし、来訪を受けることも禁じられた。

＊　レザノフ大使は懇願を繰り返した結果ついに、七人の通詞たちにいろいろなプレゼントを贈ることが許された。それらは鏡一台、羅紗一枚、ガラスのランタン、燭台一対、大理石テーブル一台、大理石の水差し一個であった。

一方、艦の修理と食料の提供は日本政府によって支払われることが明言された。また、二か月分の必要な物をすべて供給し、皇帝からの贈り物として、一袋三十ポンドの重量の塩を二千俵、百五十ポンドの重量の米を百俵、真綿または絹の詰め物二千個が供給されることになり、真綿は船員に、絹は士官たちに与えられることになった。ロシアからの贈呈品が拒否された理由は、全権の説明によれば、日本の皇帝はロシア皇帝に対し返礼として贈呈品を贈らねばならなくなるだろうし、そのためにペテルブルグに大使を派遣することになるが、それはいかなる日本人も外国に出てはならないという日本帝国の法に反することになるとのことだった。

以上が、大変な期待がかけられた使節派遣の結果(26)であった。我々は何ら新たな利益を得ることはできなかったばかりか、すでに所有していた権利も失うことになった。すなわち、ラクスマンが手に入れたロシア人の長崎入港を許可した文書をも失ったのである。今や、江戸の閣僚、あるいは政府そのもののなかに大きな変化が起きなければ、日本とロシアの間のあらゆるコミュニケーションは終わることになり、恐らくそうした変化は期待できないだろう。通詞たちは大使に、この通商拒否が日本中、特にミアコや長崎の町に大きなセンセーションを引き起こしていると自信有り気にお世辞を言っているが、私はこの結果、ロシアの貿易が大きな損失を被ることはないだろうと十分に確信している。

＊　一八〇六年と一八〇七年に蝦夷の北部海岸を訪れたフヴォストフ少尉が日本人から教えられたことによれば、江戸では実際に革命が起こったが、その理由がロシア使節を退去させたことであるという。

四月十六日、レザノフ大使は日本全権との最後の謁見を行った。その謁見が終了後直ちに、日本人たちは我々の大砲、錨、錨鎖、そして食料を艦に運び始めた。艦の一同は、すぐに日本を立ち去ることになるだろうとの満足感で、行動にはっきり示され、出帆の準備のために一日十六時間働いた。しかし、日本人や彼らの曳船の助けを借りなければ、四月十六日までに出帆することは不可能だっただろう。

第四章　長崎港の様相

ヨーロッパ人による最初の日本発見 ― 日本との通商を求めるヨーロッパ諸国の試み ― 従来からの長崎の地理的位置の考察 ― 湾の正確な地図を作成することの困難 ― 長崎湾と湾内諸島の描写 ― 入港および出港に関する指示 ― 警戒の手段 ― 十月から四月までの気候の月別観測

本章では、主に長崎の港について描写しようとするものだが、序文としてヨーロッパ人が日本の諸島について得た初期の知識を略述しておきたいと思う。それに関してここで述べることは恐らく不適当なことではないだろう。

ヨーロッパにおいて日本に関して得た最初の記録が何であるかは、現在では推測するしかない問題である。だが、この国に関して存在する最初の知識はおそらく有名な旅行家、ルブルック〔William Rubruquis.1248-1255. フランスの宣教師・探検家〕とマルコ・ポーロによるものと思われる。二人の旅行家はともに十三世紀ごろに長期の旅行を行っている。そして、ヨーロッパ人による日本の発見は、十六世紀の中頃、偶然起きたことは確かだろう。ポルトガル人メンデス・ピントは、当時の有名な海賊サミポヘカが率いる中国ジャンク船に乗ってマカオから琉球諸島に航海したが、一五四二年、日本王国の海岸で難破した。

＊　Histoire de Japon, par Charlevoix, 1754. Paris, シャルルヴォア著「日本史」パリ、一七五四年刊、二十一巻四頁を見よ。

他のポルトガル人三人は、ポルトガル船に乗り、同じ年に薩摩の海岸に立ち寄ったと主張し、実に、最初の発見の栄誉が争われている。いずれにせよ、発見された年にしても、発見された国も、この論争によって変わるわけではない。その後スペイン人が日本を訪れ始めたが、彼らの日本との関係は非常に短い期間しか続かなかった。フィリピン諸島は日本に近く、これら豊穣な群島間の貿易が有益であることが約束されていたが、そうはならなかった。またスペイン人の最初の日本訪問も、貿易計画によるものではなく、ポルトガル人の場合と同様、海難事故によるものである。一六〇九年、マニラ総督は新スペイン〔北アメリカ、ヌエバ・エスパーニャ副王領〕からの航海途上で遭難し、北緯三十五度五十分の日本海岸に漂着した。日本皇帝は彼と船員全員を、アダムズという名のイギリス人が建造した船によってアカプルコに送った。このアダムズについては後述することにしよう。この海難事故に続いてスペイン人は一六一一年、日本皇帝に対して多くの贈り物をもって使節を送ることになった。（＊Entick. Naval History. in folio. p. 890を見よ）しかし、当時日本はキリシタン追放の時期にあり、ポルトガル人と同様、日本列島に立ち寄ることは禁じられていた。両国にとって、日本との通商はともに有益であったに違いないが、その後再び復活させる試みはなされることはなかった。

オランダ人は、自由な政治制度と積極的な商業精神によって富裕で強力な国家となり、日本との貿易に参加を望むのは当然のことであった。当時オランダはインド地方においてはまったく領地を持っていなかったため、スペインやポルトガルと同様の利益をあげることはできなかった。一つの偶然の事故が、オランダ人の企図を好都合に実現することになったのである。一六〇〇年、あるオランダ船が日本の東海岸に漂着した。その船は一五九八年、マフウおよびシモン・デ・コルデスに率いられた五隻の小船隊のうちの一隻で、テセルから東インドに向けて出帆したのである。イギリス人ウィリアム・アダムズ〔William Adams. 1564-1620. 三浦按針〕は、この船の第一水先案内人で、オランダ人が日本との貿易ができるようになったのは、彼のお陰である。小船隊はマゼラン海峡を通過して南太平洋に航海したが、その途上で海難に遭い、唯一、アダムズが舵をとった船だけが残り、この船が一六〇〇年四月十九日北緯三十五度三十分にある豊後の港に漂着したのである。アダムズは幸運にも日本皇帝の厚遇を受け、様々な恩恵を与えられたが、祖国に帰ることは許されなかった。彼がバタヴィアのオランダ人に送った日本滞在の記録と、両国間の貿易開始の可能性についての報告によって、オランダ東インド会社は一六〇九年、日本に船を送り、アダムズの尽力によって皇帝の恩恵を受け、直ちに貿易が開始された。そして一六一三年、オランダは平戸に商館を設立することが許されたのである。

＊ Enticks Naval History, in folio,エンティックの年の計算には、およそ十二年の誤りがある。彼によればマフウの船は、一五八六年ごろに出帆し、豊後には一五八八年に入った、とされる。なお、Burney's Chronological History of the Discoveries in the South Sea, Vol. XXI, p. 186-198, および、Harri's Collection of Voyages, Vol. I. p. 256, ed. 1600 を見よ。

オランダ人はこれまでのところ、日本の恩恵を保持することに成功した唯一の国民である。すなわち、彼らは非常に恥をかかせられるような制約の下でバタヴィアと日本との間の貿易を遂行しており、それは毎年二隻の小さな船を送ることによって成り立っている。一六四一年、彼らは平戸から追い出され、出島に閉じ込められることになった。それは、オランダ人の策動もあり、ポルトガル人が日本との貿易を完全に放棄しなければならなくなった三年後のことである。

イギリス人はオランダ人とほぼ同じ時期、すなわち一六一三年に同国人のアダムズの力によって平戸の島に商館を設立する許可を得た。彼らはこの国の中で厚遇を受け、貿易を行うのに最も有利な足場が許されていたにもかかわらず、この貿易はすぐに放棄されることになったのである。（＊日本皇帝から英国王ジェームスに当てた書簡、商館長ジョン・セーリスがイギリス東インド会社の名で日本政府と結論を得た商業協定については、Entick's Naval History. p. 395を見よ）

イギリス人が日本から撤退することになった動機は知られていない。彼らは確かに追放されたわけではなく、そうでなければ、その状況は疑いなくオランダ人によって世界に知らされただろうし、知らせるのを悩んでいたのである。この時期以来イギリス人は度々日本との貿易を復活させようと努力したが、常に実現することはなかった。一六三七年、提督ウォッデル卿の率いる四隻の船がマカオから長崎に到着した。彼らはマカオでは受け入れを拒否されたが、長崎でも歓迎をうけることはできなかった。

＊ Voyage de Hagenaar aux Indes, dans le Recueil des Voyages qui ont servi à l'Etablissement et aux Progrés de la Compagnie des Indes Orientales, Tom IX. P.471を見よ。一六三七年ウォッデル卿が行った遠征についてはEnticks Historyには触れられていない）。

一六七五年には別のイギリス船が長崎に到着したが、英国王チャールズ一世がポルトガルの王妃と結婚したことを口実に追い返されてしまった。我々がロシアから出帆したと同じ年の一八〇三年、イギリスは新たな試みを行ったが、成功することはなかった。カルカッタのイギリス商人の一団が豊富な積荷をもって長崎に船を送り、トレイ船長が指揮したが、二十四時間以内に日本の海岸から立ち去るよう命令されてしまった。アメリカ人は一八〇一年と一八〇二年、おなじ計画を立てたが、失敗した。フランス人はこれまでこうした計画を実施していない。

このようにして過去二世紀半の間に、日本にはヨーロッパ諸国からの訪問があり、長崎は二百年間に毎年頻繁に外国船が訪れたようである。それにもかかわらず、長崎の位置する経度や緯度に関する明確な情報が得られていない。さらに、その地図がわずかにしか作られていないのである。長崎は世界でも最良の港の一つであり、ヨーロッパ人が手にすれば極めて有益になることだろう。ケンペル、シャルルヴォア、そしてトゥンベリは長崎の経度と緯度について述べてはいるが、彼らの位置決定はすべて不正確である。そしてケンペルが示した港の図は、極めて誤りが多い。ダルリンプルが収集した優れた海図コレクションの第四巻の中には、イギリス人やオランダ人の草稿による長崎港の図が数枚ある。しかし、いずれもケンペルの地図より良くない。ただ、コレクションのNo.27は、日本の南西海岸の地図で、その製作年を考えると、野母岬や長崎の町、および港の入口の経度が非常に正確に描かれている。

長崎の位置を最も正確に描いたものは、フランスの地理学者バルビエ・デュ・ボカージュの総合地図 General Chart of Barbié du Bocage に示されたものである。[27] ダントルカストー〔A. R. J. de Bruni d'Entrecasteaux. 1737–1793. フランス海軍士官。ラペルーズの捜索のためにオーストラリアを探検〕の旅行記のなかで、遠征隊に参加した自然学者ラビラディエルによって編纂発行されている。我々はそれに示された経度と緯度について、気づかないほどのわずかな誤差を見つけた。しかしこの符合は単に偶然の一致とみなすべきと信じる。なぜならば、我々の到着以前には、一六一二年の月食の観測を除き、長崎で天文観測が行われたことはないからである。この月食は長崎とミアコで同時刻に観測され、これら二つの都市の子午線上の差は一時間であった。するとマカオの経度は〔東経〕百十三度三十七分十九秒であるから、長崎は百二十八度三十七分十九秒になるはずで、それは正確な経度〔東経百二十九度五三分〕からすると一度四分の一の差がある。私は長崎において、これより新しい天文観測が行われたということを知らない。

一六一二年の月食観測は、パリ・アカデミー紀要Mémoires de l'Academie des Sciences à Paris, tom VII, seconde partie, p. 96, ed. in 4to, 1729のなかに述べられており、それによると、一六一二年Père d'Aleni et Uremanダレニおよびウルマン両神父は、十一月八日マカオで月食を観測した。食の開始は八時三十分、終了は十一時四十五分。シャルル・スピノラ神父は、日本にキリスト教を伝えるために行き、焚刑に処せられたのであるが、長崎でこの月食を観測し、食の開始は九時三十分としている。したがってマカオと長崎の子午線上の差は、一時間、すなわち十五度である。よってパリと長崎との経度の差（マカオの経度は百十一度二十六分）は、百二十六度二十六分である。

スピノラの観測は、月食の開始時間のみを示しており、不完全である。したがって長崎の経度は完全な精度をもって計算はできなかった。しかし、二百年前にマカオの経度がたいへん正確に分かったことは、非常に驚くべきことであることに疑いない。なぜなら、最近行われた最良の観測からわずか九分か十分しか違わない。一六一二年にはダレニとウルマンの両イエズス会神父は、マカオの緯度を北緯二十二度三十分という相当な正確さで測定しているのである。

バーニー船長は、その著書Chronological History of the discoveries in the South Sea「南海における発見の歴史」のなかで、長崎の経度について意見を出しているが、スピノラの観測から引き出した経度を拒否し、別の方法によって確定し、正確な経度からわずかに違う東経百三十度六分としている。彼は、この数値を、測定された対馬の経度およびこの島の長崎からの距離から引き出している。彼は対馬の北端の経度についてラペルーズとブロートンの測定の中間値を採用しており、また長崎と対馬との間の子午線上の差についてはケンペルとヴァレンチンの中間値を採っているものと思われる。

バーニーが引用しているように、ラペルーズによれば対馬の北端は東経百二十九度三十七分、ブロートンによれば百二十九度三十分、したがってその中間値は百二十九度三十三分三十秒である。（＊ラペルーズの地図によると、対馬の北端は東経百二十七度三十七分または百二十九度五十七分である。私のこの旅行記の第二巻の最初の章には、ラペルーズ自身の述べるところによると、対馬の経度が百二十九度二十二分となっている。長崎と対馬間の子午線上の差は、ケンペルによれば四十分、ヴァレンチンによれば二十五分、これらの中間値は三十二分三十秒、したがって百二十九度三十三分三十秒＋三十二分三十秒＝百三十度六分零秒となる。）

パリで刊行されたConnaissance des Tem〔Connaissance des Tems, ou des Mouvemens celeste, a l'usage des astronomes et des navigateurs, pour l'an XV de l'ere Francaise. Publ. Bureau des Longitudes, Paris, 1804〕には、経度と緯度の最も正確な測定値が全般的に含まれているが、長崎の緯度については十三分の誤差がある。上述したトレイ船長が一八〇三年に測定した数値は、より真実に近い。広東でマッキントッシュ船長から知らされたことだが、トレイ船長の観測は、東インド洋と中国海域で行った水路測量術の記録には非常に信用できるものがあり、それによれば長崎の町は北緯三十二度四十五分、西経二百二十九度四十五分である。実際この確定値は、私が示した専門家の間ではこれまで知られてこなかったが、正確なものとして採用できる唯一のものである。それはあるイギリス人による最新のもので、彼は東インドの海をクロノメーター〔経度測定用時計〕を持たないで航海したことはなく、また月離観測の方法も熟知している。トレイ船長は長崎の湾内を二十四時間だけ航行しただけであり、彼が測定した経度が我々の測定値より二分の一近くしか違わないから、彼が責められることはなく、その差は極めて小さいのである。

長崎は長年の間ヨーロッパ人に対して閉ざされていたかもしれないが、もしも私が長崎滞在中に行った航海の情報や観測を保留するということになれば、それはあまりにもオランダ商人たちの精神に倣うものになってしまうだろう。したがって私は、有益なものと思われることは、たとえそれがかなり先のことになろうとも、すべて刊行することを私の義務と考える。そして、もし我々の調査研究で収集できた学術上の物事が最も詳細な形で刊行されないとしたら、今回の航海を実施した我が啓蒙君主の意図に大いに背くことになってしまうだろう。

長崎港の入口は北緯三十二度四十三分四十五秒、西経二百三十度十五分零秒に位置し、九州湾の中央部にあり、南は野母岬、北はCape Seurote〔崎戸〕によって形成されている。港の入口は、北緯三十二度三十四分五十秒、西経二百三十一度十六分零秒にある五島岬から東西に五十一マイルの距離である。五島列島の東端からの距離はわずか三十三マイル、あるいはそれ以下で、五島列島から一連の岩の小島が北東に伸び、多分Cape Seuroteに繋がる。そして少なくともこの地点では通航はできないだろう。日本人の報告によれば、ボートしか航行できない。港の入口が正確に測定できたので、舵を取るコースに関しては疑問がない。しかし観測不足によって少しでも不確実なことがあれば、この辺りの山の多い地形によって長崎は非常にはっきりと分かる。野母岬とCape Seuroteの地形は特別に高くはないが、反対に長崎は非常に高い山々に囲まれている。南端にある山より高く、均整の取れた山容で、港の入口の東から南にかけて連なっている。航行するには五島列島と九州のできるだけ真ん中を行くことが最善で、港の入口の平行線までは北東のコースに、それから真東に舵をとることになる。この方角に長崎の背後の山々がすぐに見えてきて、かなり遠くからでも確かな目印となる。入口から九ないし十マイル以内に近づくと、伊王島の南側の岸に大きな木が見えてくる。この木は、十マイル以上離れたところからでも見え、港の南東八十五度で上述の長崎の山々の地点との線上にある。これら二つの特別な目印によって、とるべきコースを見失うことはない。しかし、もし九州に上陸するなら、我々が航行したように、野母岬に向けて航行し、長崎の入口が我々が発見したよりも南に十二マイルと信じることである。それから海岸沿いに行くが、波が平穏でも、満月や新月の時には引潮が非常に強く、岩礁の近くに流されて危険になる。それだけではなく、本当の入口を北緯三十二度四十分にある場所と間違い易い。入口はまさに長崎の町へと導かれるのだが、これまで調査されたことがなく、危険になるかもしれない。

長崎湾の南端にある野母岬は、北緯三十二度三十五分十秒、西経二百三十度十七分三十秒にある。この岬は二重に裂けた頂上をもつ山で形成されており、近い距離からは、一つの島であるかのように見える。近づくとその前面に大きな岩がはっきりと見える。野母岬と港の入口までは、数多くの岩礁と岩の小島があり、そのなかにはかなりの高さがあり、その他にも、長崎湾のパッペンベルク島と同じように、麓から頂上にいたるまで島全体に木が植えられているのは注目に値する。これらの島々の背後に湾があり、その南側はほとんどが平坦で良く耕作された土地となっている。さらに内部は山が多く、山々は長崎の町まで北西の方向に伸びる。大きな山並みが折り重なり、並木道には一群の木が植えられている。野母岬の背後は、海岸が南東の方向に伸びていると思われる。そしてここには日本人の地図によれば、アリマ〔有明海〕と呼ばれる大きな湾があるようだが、我々は調査することができなかった。我々が見た最後の先端は、北緯三十度三十二分、西経二百三十度十一分である。

Cape Seurote は、野母岬の北西十一度三十分、二十五マイルにあり、港の入口から北西三十度、十七マイル半の距離にあり、北緯三十二度五十八分三十秒、西経二百三十度二十五分である。岬そのものは特別に高くはなく、南東に向けてへこんでいることが分かり、そこから北に向けて土地が高くなり、全体として野母岬よりも山〔西彼杵郡の山々〕が多い。Seurote 岬の南には幾つか島があり、一番近く最大の島はナツシマ〔松島〕と呼ばれ、一番南の島はキシマ〔池島〕と呼ばれる。しかし、この岬と同様、我々がこれらの島を見たのは、到着した十月八日であり、最初の投錨地を離れた九日である。

長崎の港は三つの部分に分けられるだろう。港には三つの停泊地があり、いずれも完全に安全である。そのうちの最初はパッペンベルク島の西側に向かうものである。二番目は同じ島の東にある中間の停泊地で、三番目は港の奥にあり、町の前面にある奥の停泊地である。我々はこれら三つの停泊地すべてに相当な期間滞在したので、その様相を非常に詳しく説明することができる。港の入口は伊王島の南側から島の北端へ、そして福田岬（＊港の入口の北側の岬で、他の名前が分からないので、そこから遠くない入り江の町 Facunda 福田の名前に因んでこのように呼んだ）の傍を北に向かって形成されており、これら二つの地点は北東と南西の四十度の角度にあり、およそ二マイル四分の一離れている。両地点の中間では水深三十三尋あり、我々は灰色の砂の海底に錨を降ろした。東南東、東南東½東および真東の方向（外側の停泊地のコース）にそって水深が徐々に浅くなり、二十二ないし二十五尋の水深の、きれいな砂がかぶった厚い緑色の泥の海底に投錨することになる。パッペンベルク島の西側に向かうこの外側の停泊地は、北西および西北西以外のすべての風を完全に防いでいる。しかし北東モンスーンの時季以外は滅多に吹くことはないし、決して強くなく、全く安全である。投錨地は優れており、錨を八日間海底に降ろしておいた後に引き揚げる際には相当苦労したが、その間強い風はまったく吹かず、一晩だけ停泊した二度目の時は、引き上げるのに困難はなかった。こうしたことから、ここに停滞するつもりでないならば、第二の主錨のかわりに、ケッジ〔小錨〕を投ずることで十分だろう。

我々の錨は北に向かって十八尋の水深に降ろされた。

この停泊地は次のような島々の傍に作られている。西および南西にかけては、高い土地の伊王島があり、この島はほぼ南北に一マイル半の長さである。島を形成する丘は、真ん中を通る低い谷で区切られており、そこにはいくつか人家があり、島の北半分の頂上には大きな木が孤立した状態で立っている。その木は相当遠くからでも見え、港の入口の目印になっており、我々にとっては、港の地図を海からの観察を比較するうえでも、特別に役立つものであった。この木のあるところから、丘のほぼ北東の方向にはかなりの大きさの村がある谷間があり、非常に美しい木々に囲まれている。さらに同じ方向、海岸からおよそ四分の一マイルあたりの所には岩礁があり、高潮の時には隠れているものと思う。伊王島の東南東には、高島と呼ばれる別の島があり、両島は半マイルほどしかない狭い水路で分けられている。しかし岩礁はまったく無いはずで、なぜなら中国のジャンク船が通過しているからで、これらの中国船は操作が非常に悪く、十分注意して通過する必要がある。香焼島は高島の北東に位置し、両島は恐らく岩礁に満ちた水路で分けられているか、あるいは小さな首で繋がっているのかもしれないが、詳細を確かめることはできなかった。いずれにせよ、小さなボートでも通れるような水路は無く、これら二つの島は、地図に描いた通り、繋がっているものと思われる。

香焼島の北には、カンダシマという名前の岩礁がある。そのさらに北東には、小さな島アミヤブル「網破る」があり、周囲がおよそ一マイル半、カンダシマからわずか四分の一マイルの狭い水路で分けられている。アミヤブルの北東端には、日本の要塞が置かれており、それは言わば、縞模様の布地で囲われた建物で、大砲とかマスケット銃も置いていない。日本人通詞が言うところによると、この島の近くの水面下には岩があり、それがたびたび漁師の網を破るところから、「網破る」という名前がついたといい、ami は魚網を意味し、abur は破る、または裂く、を意味する。これら、高島、香焼島、カンダシマ、そしてアミヤブルの島々が外側の停泊地を南西から南東にかけて囲っている。東にむけては二マイルほどの距離に九州本土があり、北東にパッペンベルク島、そして北には神ノ島がある。最後の神ノ島は周囲がおよそ二マイルある。これらの島々から西に向かって別の岩礁が伸びており、小さな船舶でも通過できそうもない。さらに神ノ島は幾つもの岩礁に囲まれており、主要な水路からも、またパッペンベルク島からも狭い水路で分けられており、ボートでしか通れない。神ノ島の東端には、日本の様式の別の要塞があり、ジンボ〔陣場〕と呼ばれている。以下は、外側の停泊地の二十五尋の水深の所で測量した数値である。すなわち、伊王島にある木は南西八十三度、パッペンベルク島は北東七十六度三十分。伊王島の北端は北西八十五度。これらの測定は、長崎を出発する時にここで二十四尋の水深に投錨した際の観測とほぼ同一である。

中央の停泊地、すなわちパッペンベルク島の東側の停泊地は、周りがすべて陸地に囲まれ、一番奥の停泊地と同様に安全である。外側の停泊地と比べればさほどではないが、投錨場所がより優れており、好ましい停泊地だろう。西側にはパッペンベルク島があり、この島は周囲が半マイル程度の小さな島である。湾内で一番高く、麓から頂上まで、両側に木が植えられている。日本人は高鉾島と呼んでいる。パッペンベルクという名前は、キリシタン追放の時代に、カトリックの教父たちが山の頂上から投げ落とされたという報告に由来している。停泊地の南西方向には、アミヤブル、香焼島、高島があり、より南の方角には、海にまで続く広い水路がある。しかし、南西からの嵐の際は、周囲に散らばる岩礁や小島に波が打ち砕け、そのために、安全確保のためには、よりパッペンベルク島に近いほうに投錨する必要がある。十月一日の台風の時は、内側の停泊地にいたオランダ船は押し流されたが、中国船は安全だった。彼らの錨は木製で、オランダ船の物よりもずっと悪かったのだが。南と東の方角には、町への水路から見て右側の海岸が続く。北東の方向には長崎の町、北および北西には、長崎の水路の左側の海岸および神ノ島がある。外側の停泊地から中央の停泊地にかけて水深は二十五尋から十七尋へ徐々に浅くなる。この停泊地で唯一注意すべきことは、向かい側の海岸よりもパッペンベルク島寄りにとることで、パッペンベルク島への距離は一錨鎖以内で、この距離でも水深は十八ないし二十尋ある。オランダ船は出航していくときには、この半分の距離近くを保ち続けたのである。

パッペンベルク島の北西、およそ四分の一マイルの距離に、完全に樹木に覆われた小さな平坦な島があり、ノスミ・シマ（鼠島）という名前で、パッペンベルク島とほぼ同じ大きさである。さらに百三十尋先に、木鉢という小さな入り江があり、水深六ないし十尋である。木鉢は、長崎の港全体の中で艦の修理に最も適した場所で、そこより奥の入り江は、海岸がいずれも泥地で、いかなる船も近づくことができない。我々が許された小さなスペースは、この入り江の左側にあり、辛うじて艦よりもやや長く、散歩のために竹柵で囲われている。

パッペンベルク島（高鉾島）

日本の要塞

初めて長崎にやってくる船に対しては、私は数マイル先から迎えようとする日本の小舟によって引き留められることがないよう、直接、外側の停泊地に進むことをお勧めする。日本人たちは直ちに中央停泊地に走ってくるかもしれないが、特に北西モンスーンの時季でも、ほとんど危険はない。この水路においては日本人の援助はまったく不必要である。それを拒否することによって、港の入口の真ん中で二日間もの間不愉快な状況に置かれることを回避できるだろう。そこでは嵐のような状況が突然起こった場合には、大きな危険に曝されることになる。この私の忠告が採用されない場合には、パッペンベルク島まで百艘もの曳船を雇わなければならなくなり、日本人たちは船を運び終わると直ちに、百尋の長さの曳船の線を解除するため、さらなる屈辱を経験することになるだろう。

中央の停泊地から奥の停泊地、または長崎の町への航路は、北東へ四十度、距離はおよそ二マイルと三分の一、水深は十八尋から五尋へと浅くなる。水路の半分ほどの距離、幅が四百尋以下のところに日本皇帝、または政府の要塞がある。これらの要塞は多くの建物からできているが、大砲が一台もなく、両岸のあちこちに同様の要塞が建てられている。そして実に、水路の幅は五百尋〔約九百メートル〕以下で、所によっては三百尋しかなく、もしも日本人が防備を強化することを知っていたならば、長崎の町を制圧することは不可能だろう。しかし現在の防備力の状態では、ヨーロッパの貧しい漁村よりも難しくない。フリゲート艦一隻と、砲艦があれば数時間で長崎の町全部を破壊できるだろう。町の人口が多くても、恐らくまったく抵抗できないだろう。右岸にある政府の要塞の近くに小さな入り江があり、常に小さな船で満杯である。そこは疑いなく大型の船舶にも十分な水量があり、水路の両側には同様の入り江がいくつかある。ここの入り江はロマンチックな風景があり、非常に印象的で、一番大きな入り江と思われる。しかし我々はいずれの入り江も調査することは許されなかった。

長崎に近い投錨地は、中央および外側の停泊地のいずれもあまり良くない。海底が非常に薄い粘土で、その上に、南西の水路がここではかなり海に開けており、パッペンベルク島の下に停泊するよりも風雨を避けがたい。ナジェージダ号は水深五尋四分の一、出島から四百尋〔約七二〇メートル〕のところに停泊した。そこからレザノフ大使が居住する梅が崎は北東四十度、二百五十尋〔約四五〇メートル〕で、中国人の商館が隣接し、その倉庫のいくつかが我々に与えられた。梅が崎からの我が艦は、南東八十度の方角である。

木鉢および梅が崎の緯度を繰り返し測定し、港の地図に従えば町の中央は、北緯三十二度四十四分五十秒、木鉢は北緯三十二度四十三分十五秒、梅が崎は三十二度四十四分二秒、出島に立つ旗竿は三十二度四十四分十八秒、長崎は三十二度四十三分四十秒である。経度は主に太陰距離によって測定し、その千回以上は、ホルネル博士と私自身が、長崎滞在の最初の月に行った。

月から西の太陽の距離の測定を私自身が二八七回行ったが、その平均値で、木鉢の経度は西経二百三十度二分四十一秒。これら五六四回の測定距離の平均値は、西経二百十度二十一分。ホルネル博士が観測した二〇四回の月から西への太陽の距離の平均値は二百三十度十九分、月から東の太陽の距離の二六〇回の測定の平均値は、二百三十度二分十秒。四六四回の距離測定の平均値は、二百三十度十分三十五秒。従って、一〇二八回の測定の平均値で木鉢の経度は、西経二百三十度十分二十八秒である。長崎港の入口の経度は西経二百三十度十三分。外側の停泊地と中央の停泊地において行ったすべての測定によって、コンパスの偏差は、西一度四十五分三十六秒である。羅針の傾度は、羅針計が台風の猛威によって完全に壊れてしまったために計測できなかった。

長崎滞在の最初の三か月の間は艦を離れることができなかったため、潮位を観測することができず、我々の記録は一月、二月、三月、そして四月に限られる。しかしこの間の測定は非常に正確で、艦の第二水先案内人によって、私の特別の監視下で間断なく行われたものである。特に滞在の最後の六週間では、日中から日暮れまで、毎時に絶えることなく続けられ、しばしば一時間に八回から十二回測定した。この時期は春分の日あたりだったため、この現象に関する理論の専門家にとって恐らく、我々の観測からさほど重要でない結論を引き出せたかもしれない。そして長崎滞在の最初の月から観測を始められなかったことは残念でならない。私は長崎の港ほど、潮位観測に適したところを他に知らない。なぜならばここでは潮位の変化が非常に規則的であるだけでなく、海水が常に穏やかで、非常に激しい嵐の時以外は、決して波立たないからである。そして、オランダ人たちはこうした仕事をするには十分な時間があるのだから、測定を続けてくれることを特に願うばかりである。

私はそれぞれの緯度に沿って、満潮と干潮の時間を常に測定した。そして潮位の変化を何度も測定しているので、常にその平均値をとることができた。朔望〔太陽と惑星が一直線に並ぶ配置〕の時は、満潮の時刻は七時五十二分四十一秒である。総じて、満潮と干潮は、朔望と矩象〔二つの天体の黄経が九十度をなすときの相対的位置〕から三度目および四度目の変化の時に起こる。我々が目撃した満潮は四月二日で、新月の二日後である。その時、月の水平変位は五十九度四十八分で、その偏差は北二十三度十三分である。水位は十一フィート五インチ上昇し、北からの穏やかな風であった。干潮は三月二十五日、矩象の二日後、遠地点から三日後、そして春分の日から同じ日数の後である。この日、水位は一フィート二インチだけ上昇した。北からのそよ風。

この年の天候は目立って良くはなかったが、特に最初の三か月間は、ここでは例年より良くなかったようだ。おそらく台風の結果だろうが、空気は完全に澄んでいた。以下は、毎月の天気の状態を略記したものだが、各月の最後のところに書き込んだので、簡単に参照できるだろう。

一八〇四年十月

十月一日の台風とともに吹き始めた北東の貿易風は、この月を通して吹き続ける。実際、時々は北西から吹き、西および北西から二度吹いたが、わずか数時間であった。概ね天気は快晴で、一日だけ、二十四日、空がどんよりと曇り、二時間降り続いた。南西からの強い風が吹いた曇りの日が最も低く、二十九インチ六十二であった。北東からの穏やかな風が吹く晴天時に、気圧計が最も上がり、二十九インチ九十九であった。同じような条件の天気で、湿度計が示した湿度の最大値は四十四・〇であった。船室内で一番気温があがったのは、一〇度であった。水銀柱は完全に日陰に置いてあったが、朝九時に二〇・二度まで上がった。気温が一番低かったのは、二日目の朝七時で、北東および東風が強く吹く間で、水銀柱は一〇・四度まで下がった。湿度計も温度計も毎日、大きく変化した。船室の中でも、気温差は度々、四度から五度あり、甲板上の日陰では、朝と日中には六度前後、最大で九度から十度あった。朝の九時までは、湾は常に濃い霧に包まれ、恐らく、大きな気温差によって起きるからだろう。

十一月

風は、ほとんど常に北ないし東からであった。十一月四日、新月の三日後、南から非常に激しい嵐があり、雷と大雨となった。風は正午過ぎに、東から南東または南へと風向きが変わり、深夜までその風向が続いていたが、突然北風となり、それとともに快晴となった。満月から三日後の十一月十三日、同じような突風を伴った激しい南風が吹いた。そして新月から三日後の二十八日、再び嵐が来て、東からの激しい突風が吹いたが、数時間で止んだ。前月と同様、毎日露が降り、午前中は甲板が水で洗われたように濡れていた。私はある夜、昔のことわざを思い出し、綿紗を一夜露に曝しておくと布地の色が変わるということを試してみたが、少しも変化することはなかった。この月を通して天気は非常にすっきりしていたが、時々極めて暑い天気の日があった。そして特に、暑さから寒さへと急に変わった。例えば十三日、寒暖計が朝方には十度だったが、昼には二十度、午後三時には日陰でも二十四度に上がった。翌日の同時刻には十二度以下で、さらにその翌日には八度にしかならなかった。朝の六時か七時には稀に六度以上になったが、ほとんどが四度か四・五度だった。気圧計は概ね非常に高く、三日間近く、三〇・二五インチないし三〇・二十インチであった。風は穏やかな北風で、空は雲一つなかった。強い南東の風が吹いている間は、最低気圧が二〇・六六インチであった。嵐のような雨が降ったのは、南風の時だけだった。

十二月

この月の最後の三日間を除き天気は特別に良く、雨がほとんど降らなかったが、南風が強く吹いた日だけ雨となった。風は南西から吹いた数時間以外は、北東の風で、月の最後の日頃には貿易風が吹き始めた。さらに北向きとなって、真北ないし北北西からの強い風となり、水銀柱は+二度にまで下がった。さらに二十七日の朝八時には、まったく風のない状態で+一・五度にまでなった。寒暖計が最も高くなったのは七日で、水銀柱は日陰で十六度、風は西南西で非常に強かった。この月を通して気圧計は著しく高く、滅多に三十インチ以下にならず、しばしば三十・二十インチになった。気圧が最低になったのは二十九日の強い南西の風の時で、十八時間の間に四線も下がり、二十九インチ七七となった。濃い霧が九時頃まで続いたが、太陽が出て霧が消え、前月の時と同様、確かな快晴の前触れであった。南風の時は霧が出ることはなく、湿度計の変化は完全に霧によるものであった。

一八〇五年一月

冬はこの一月をもって始まるものと思われ、天気はそれまでよりずっと厳しくなった。例えば一月二日は、快晴の天気で、穏やかな北ないし東風であったが、水銀柱は氷点下一度まで下がった。一月三十一日の朝五時には、再び氷点下一・五度まで下がったが、午後二時頃には日陰でも十三・五度まで再び上昇し、したがってその気温差は九時間で十五度である。天気は特別な快晴であった。水銀柱が氷点下になったのは、この二回だけで、その他の日は、平均気温は高く、一日の時間によって大きく変化し、昼には七度から十一度、朝は三度から六度の間だった。風はほとんどが北北東および北北西。南西および南東の風が吹くときはいつも嵐や雨となる。そして度々、それまでにない悪天の日があり、前月のように、南風の時だけでなく、北風の時も天気が悪くなった。一度だけあられを伴った雪が降ったが、それは強い北風の時で、数時間、山々が雪で覆われた。それまでと同様、嵐や悪天は、新月と満月の時であった。前月までは定期的に露が多く降りたが、今月はほとんどない。露が降りるのは常に良い天気の前兆であり、湿度計が湿度の最大値を示すのは、そうした時であり、雨が強く降り続いた時はそれ以上のこともあった。気圧計は全般に非常に高く、ほとんど三十インチ以上であった。

二月

この月と一月だけが冬である。というのは二月の終わりの日々にかけては、北風であっても、空気が暖かくなり始めるからである。主に北および北北西の風が強いが、特に新月と満月の時が非常に強く吹く。十五日、十六日、十七日には、雪やあられを伴って激しい嵐があった。寒暖計は氷点下〇・五度まで下がり、風向きが様々変わる中で、何度か雨が降った。主に北からの風が吹き、南西および南南西からの優しい風も珍しくはないが、しばらく続くことは稀である。月の終わりの日々には、午後に南西および西からの風が一時間ぐらい、たいへん穏やかに吹いた。気圧計はほとんど三〇インチ以上であったが、二月二十六日には雨が降り続き、続いて西および南西からの激しい嵐となった。気圧計は二十九インチ六七まで下がり、風が元の方向に戻るやいなや、水銀柱は再び三十インチに上昇した。寒暖計が示した最低気温は、すでに述べた通りである。外の最高気温は、日陰で、穏やかな南東風の時には一五・五度、ある時は十五度四分の三だったが、いずれも昼頃であった。前月までの月と同様、湿度計には同じ変化が生じた。

三月

三月は、最も嵐の多い月である。風はしばしば南西、および北東から吹くが、南西からの風が一般的に非常に激しい。南西風の時は、常に雨が降り続く。しかし、日本人の話によれば、雨季は、南西モンスーンとともに始まり、五月までは最盛期とはならない。原則的には、新月と満月のそれぞれ三日前と三日後がたいへん嵐が多いが、特にこの月においても証明された。そして春分の日の二日後、突風を伴って南および南西の非常に激しい風が吹いた。我々が長崎で体験した最大の嵐は、二十六日、春分の日の五日後、そして新月の四日後である。二十六日の前夜にはすでに、南西の風が非常に強かったが、その日の朝には南東に風向きが変わり、その後に、南風、および南西の風に戻り、この間、突風が極めて激しく吹いた。日本人はこれを台風と呼んだが、この嵐は日中にはすぐに止んで静かになり、続いて三日間、霧の日となった。気圧は比較的に言えば、通常よりも高く、二十九インチ六四まで上がった。それでも三月十七日と二十三日には風はさらに穏やかになり、いくらか低くなって二十九インチ六一であった。一八〇四年十月一日〔台風の日〕では、それよりおよそ三インチ低かったのである。我々をとりまく山々、そして実に陸地に近いことが影響して、気圧計のこの異常な高さを示したのだろうが、それは我々がペトロ・パヴロフスクで記録したことと同じである。この月も、前月までと同様、非常に変わりやすい。南風に続いて北から吹く風は常に、特別に厳しく、冷たい。寒暖計が示した最高気温は、三月二日と十六日で、水銀柱は日陰で十六度になった。最低気温は三月五日と十二日で、二度ないし一・五度まで下がった。十七日には、南西からの激しい雨と風が続き、湿度計は五五度まで達し、それはその日までに見た湿度より五度高かった。

四月

我々が長崎を出発した日、四月十八日までは、北東モンスーンが依然として強く吹いていた。風はほとんど常に北および北北東から吹いたが、たいへん穏やかであった。五日の前夜、すなわち新月の四日後、雨を伴った北北東からの激しい嵐に見舞われた。しかし翌日には嵐は止み、天気は再び晴れ上がった。長崎滞在の最後の日は、風は特別に穏やかで、天気は常に晴れていた。四月十八日、新月から四日後、我々が出帆した数時間の後に、激しい嵐があり、二日間近く続いた。この嵐の前には静かな天気が二日間以上続き、三〇インチ二分半あった気圧計がその後下がり始めた。この月の最初の日々は、気圧計の低い状態にたいへん驚かされ、二十九インチ四〇以下であったのだ。それは、我々が長崎で経験した一番強い嵐の時よりも低かったのである。しかし北東からの風はたいへん穏やかで、暗い曇り空であった。寒暖計が示した最高気温は、四日で、北東および東南東の穏やかな微風が吹き、水銀柱はほぼ一日中二十度であった。そして十七日、完全に静かな天気で、午前十時から夕方六時まで、十八度から十九度であった。寒暖計の最低気温は、十四日朝六時で、六度に達しなかった。通常の気温は、八度から十二度の間であった。

記録

長崎の日本人通詞の見解に従って、私はファン・ディーメン海峡〔大隅海峡〕にある長く平坦な島を、Jaconosim、そしてその南西にある島をTenegasimaと呼んだ。しかし、科学アカデミーが所蔵する日本人の地図の中では、また、顧問官クラプロート氏〔Julius Heinrich Klaproth. 1783-1835〕が所蔵する他の二枚の地図には、南西の島はJaconosim〔屋久島〕と呼ばれ、北東の島はTenegasima〔種子島〕と呼ばれる。私は、この後者のほうの見解が正しい呼び方であることにまったく躊躇するものではなく、私の地図にはそのように記した。

第五章　日本出発そして日本海航行

ナジェージダ号長崎を去る ― カムチャツカへの航海に関して日本政府がとった警戒手段 ― この年の行動計画 ― 暴風雨のなか五島列島を回航 ― コロネット島および対馬の描写 ― 対馬の経度に関する観測 ― ラペルーズのマニラ・カムチャツカ間航海の海図上の重大な誤り ― 日本沿岸を見る ― 見える陸地は隠岐島と推測 ― 日本海上における磁針偏差について ― 日本の北西沿岸を探査 ― 津軽海峡を発見 ― 津軽海峡の西口を形成する日本島と蝦夷島の二つの岬についての天文観測 ― 蝦夷島の西岸または松前の調査 ― ストロガノフ湾を調査、蝦夷島と樺太島を分かつ海峡を見出せず落胆 ― ラペルーズのド・ラングル峰およびギベール岬は蝦夷島には存在せず、別の二島にあることを発見 ― これら諸島と蝦夷島の北西岸の間を航行 ― 我々がラペルーズ海峡にいることを発見 ― 蝦夷島の北端の湾内に投錨、ロマンツォフ湾と命名

一八〇五年四月十六日午後三時、レザノフ大使は日本政府の文書のオランダ語訳を受け取った。同時に、大使を艦まで運ぶ船が、すでに長崎に到着していることを通詞から知らされた。また、通詞は大使が翌朝には梅が崎の住居を退去してくれれば、奉行にとってたいへんありがたい旨を告げた。さらに、大使が艦に到着次第直ちに出帆すべきことを奉行が強く望んでいることを、通詞は強い調子で表明した。私は、これほど突然に退去するとは予想していなかったが、我々も、できるだけ早く長崎を去りたいと常に熱望していたのだ。むしろ何か不愉快な予期せぬ出来事が起きて、我々の出発を遅らせはしないかと大いに心配していたのである。したがって私は喜んで約束し、私自身に関しては出帆を妨げることは何もないし、直ちに乗船して、海に出られるよう準備にとりかかった。

四月十七日の朝四時に、第一アンカーを巻き上げ、七時に大型ボートを艦に引き揚げた。そして十時にレザノフ大使が到着した。大使が運ばれた船は、筑前侯〔この時筑前福岡藩主は第十代斉清〕が所有し、たいへん優雅な設備で、絹地で飾られていたが、大使が長崎に入港する時に使われた肥前侯の船ほどの美しさはなかった。また、士官たちは、今回は別のボートに乗り込むことになった。大使には、四人の上級番所衆と、ほとんどすべての通詞たちが付き添ってきた。ほぼ同時刻に、百艘の曳船を連れた役人が紹介され、ナジェージダ号を港の外に曳いていくためである。これらはすべて、今回我々の接待役を勤めた筑前侯が所有する曳船であった。これらの曳船の他に、布地を満載した二艘の小舟が用意され、それぞれに六名から八名の漕ぎ手が乗り、幅広の袖の藍色の制服を配給されて、それにには筑前侯の白の紋章が織り込まれていた。十二時ごろ錨を上げ、百艘の曳船は、艦を曳行するために五つの環の形に分かれ、列を作ったのである。これは、曳船を雇い、そのための支払いをした場合でも、滅多に起きることではない。

艦が曳行されていく間に、火薬や、使節の旅行用品、そして送られてきた二日分の食糧を艦に載せた。さらに奉行が大いに配慮してくれたものだが、様々な種類の植物の種を提供してくれた。それは我々がカムチャツカに幾つか持っていきたいことを奉行が聞いていたからだ。その上に、士官たちのために百五十ポンドのタバコ、また様々な野菜を相当量を送ってきてくれた。さらに翌日の食糧を提供することも提案してくれたが、それは謝絶することにした。日本側は我々をパッペンベルク島の東側に曳行することだけを考えていたようだが、私は西側まで運んでくれるよう希望を述べた。これには彼らは驚いた様子で、なぜならオランダ人たちはそこに錨を降ろしたことがなかったからだが、それでも非常に喜んでやってくれた。できるだけ早く出発させたいという希望は、我々すべてと同様に強かったのである。
午後四時、我々は二十四尋のところに錨を降ろした。番所衆や通詞たちは、今や心からの別れを告げに来た。しかし、彼らの多くには、この儀礼は予習を受けたことのようで、気持ちがほとんど込められていないように思われた。何故かと言うと、我々がオランダ人ではないことを忘れなかった正直者の作三郎〔中山作三郎〕と他の二人以外は、すべて「バタヴィアまでご無事で!」と願ったのである。今や我々は、それまでその機会がなかったことだが、帆を結び、ボートを艦上に引き揚げ、翌朝五時に東南東の穏やかな微風が吹くなか、港から出帆した。我々はかくも不名誉な監禁状態から解放されることを喜び、それはややもすれば、さらなる過酷な運命の前ぶれになっていたかもしれないのである。

日本と朝鮮の間を通って帰るという私の意図は、日本政府にとって気に入らなかったに相違ない。なぜなら、長崎奉行の情報伝達機関、または同じことだが江戸の政府の機関とみなされる通詞たちは、あらゆる手段を使ってSangar津軽海峡を通過することは不可能であると説得しようとしたのである。海峡には岩礁が点在し、三日本マイル、または一オランダマイルの幅しかなく、強い潮の流れの危険に曝されると主張するのである。それだけではなく、レザノフ大使に対して、日本の海岸に近い所にはどこにも近づくことを禁ずる手紙をよこしたのである。しかしながら長崎奉行は、我々に対して口頭での約束をし、潮流や暴風などによってやむを得ない場合には、海岸に錨を降ろすことを引き留めるものではないと。さらに日本の海岸沿いに、それを認める命令が発せられ、それに対し私は、絶対的な必要に迫られることがない限り、海岸には近づかないことの言葉を求められた。そして彼らは、私の約束した言葉には最大限の確信を置くことを保証した。

私は彼らに、ニッポンの北西海岸について説明したのだが、これらの地域を注意深く調査することは絶対的に必要であり、なぜならば数緯度にわたって津軽海峡の正確な位置を知らないからであると。そのことはヨーロッパの最良の地図でさえ、正確には示されておらず、また日本において地図を入手することは不可能であることは十分に知っており、もしそれがあれば、航路を直接、安全に行くことができるだろうと。したがってこれらの海峡を探すのに、海岸に近づくことがなおさら必要となるだろうと。なぜなら日本人の記録によれば、海峡はわずかに一オランダマイルしかなく、少しでも遠く通過すれば、簡単に見過ごしてしまうだろうからと。彼らは私のこの観察が正当であることを認めざるを得なかった。したがって私は、この地域の海岸を調査することの暗黙の了解を得たのである。しかし彼らは、我々がカムチャツカからロシアに向かう際には、日本に近づかないことを要求し、それには私は喜んで約束した。こうしたことがあるにもかかわらず、彼らはオランダ商館のドゥーフの手を借りて、私の決意を変更させようと、私を説得しようとしたのである。しかし彼を動かした動機というものは、私の気持ちに対して少しも影響力はなく、なぜならば彼は単に日本と朝鮮の間の航海が困難であることを主張したに過ぎず、その事情ついてオランダ人は当時、誰も経験から語ることはできなかったのである。この〔日本海の〕航海については、ラペルーズしか我々の先行者はいなかったのであり、私は彼の発見に対して我々の調査を加えたかったのである。そしてその記録だけでも、間違いなく公共の関心を得ることができるだろう。

ナジェージダ号が七月末までにカムチャツカに到着する必要はないと思われたので、この三か月間を利用して、この名高いフランス人探検家〔ラペルーズ〕がやり残した空白部分を満たしたいというのが私の希望であった。彼はこの海の地理に光を与えた最初の人であるが、時間がなかったために離れざるを得なかったのである。能登の岬を除いて日本の西海岸の全体、朝鮮の沿岸の大部分、蝦夷の西海岸の全体、サハリンの南、東、北西海岸、そしてクリール諸島のほとんどがこれまでヨーロッパ人航海者によって探検されておらず、私はこれら全部を調査の対象に選んだのである。サハリンの南部、またアニワ湾、および gulph Patience は、実際一六四三年、オランダ人が訪れてはいる。しかしこれらの地域についても新たな調査が必要であり、なぜならば、この百六十年の間に地理上の位置の測定方法は、驚異的に改善されたからである。これらの再調査をしなければ、この特別な国に関する知識は依然として不完全なものになり続けるだろう。そして我々の航海の今後の進展は、それを解明することになるだろう。

日本の北西海岸および南西海岸の探検、津軽海峡の位置の確定が必要なのである。例えば、アロウスミスの地図 Arrowsmiths South Sea Pilot や、ラペルーズの航海に書き足された地図など、これまでの最良の地図では津軽海峡の幅は百マイルとして描かれているが、日本人はそれを一オランダマイルとだけ考えているのだ。蝦夷の西海岸の調査、樺太島の発見、それは日本人の地図に倣って編纂された新しい地図においては蝦夷とサハリンの間に置かれており、その存在は非常に可能性が高いと思われる。この新しい海峡を探検し、サハリン島の正確な地図を作り、クリロン岬から北西海岸にかけて、良港が見出せるかどうか、サハリンとタタールを分けると思われる水路を調査するために大型ボートを送り出すことができるだろう。そして最後に、クリール諸島の間の、ブウソル海道の北の新しい水路を通って、帰航を試みること、これらすべてのことが計画に入ってくることになり、その一部を遂行できたのは幸運であった。サハリンに安全な港が無かったことによって、提起した探検のための大型ボートを送ることができず、その結果、私が企図した興味ある調査を行うことができなかった。日本の西海岸および津軽海峡の完全な地図は、日本人のお気に入り、すなわちオランダ人の手に委ねられなければならない。恐らくオランダ人にとって今では、これらの海岸を航海することは罪にはならないだろう。朝鮮の北緯三十六度から四十二度の沿岸に関しては、現在の探検の時代にあっては、これまた長きにわたって調査されないままになることはないだろう。特にこの知られざる国民との交易は、日本人も得ることができない利益を約束するものだからだ。クリール諸島の最南端と同様、蝦夷の東海岸の新たな調査は、多分この海域におけるロシア人の最初の仕事の一部になるだろう。

＊ 我々のロシア出発後間もなく出版されたブロートン船長の航海記録では、私が調査しようとしなかったほとんどすべての地域を探検したことが分かる。例えば、津軽海峡、朝鮮沿岸、蝦夷の東側の一部、そしてクリール諸島南部である。蝦夷の東海岸だけが共に調査されたのである。

長崎湾を出発する際には、昨年航行した時よりも西よりのコースに舵をとり、今回はここから長崎の町の背後に平らな頂上の高い山が現れ、湾の入り口をはっきりと示している。十時半過ぎに北東方向八十五度の線上に、伊王島の木が見えたが、それについては、前章の「長崎港の様相」のなかで述べたとおりだ。陸地からの距離はおよそ十二マイルで、水深はこれまで二十五から三十尋で、海底はすべて粘土であった。昼に野母岬が南東七十度、十八ないし二十マイルの距離に見えた。南東の風で、濃い霞の天気であった。野母岬とメアクシマの間を航行し、我々の地図の空白部分を埋めたかったが、濃い霞と雨の天気のみならず、嵐が予想された。午前中を通してその空模様で、ここでは常に南東からの極めて激しい嵐となる。そのため、危険が多い五島列島を再訪するため、用心深く安全な風を利用しなければならなかった。だが、この五島の名前の岬を見たいという願いは夕方前に完全に消え、霧が非常に深く、一度だけ、しかもほんの一瞬だけ島の山が見えただけであった。

我々のコースは、この岬と、Asses Ears「ロバの耳」と呼ばれる二つの小さな島の間を行くことになる。しかしどちらも見ることができず、すでに風が嵐のように強くなってきた。だがこれら二つの地点については、長崎に来た時にすでに極めて正確に位置を測定してあった。そして天気が晴れていた間は、遠くからではあるが、これらの間には少しも危険がないことが分かった。しかも、私の地図に完全に頼ることができ、それには二つの地点の距離は三十二マイルで示され、アロウスミスの地図が示したよりも二倍である。その他に様々な条件があったが、この海峡を通過すべきではなかった。そこは多分これまで、最大限の注意なしで航行されたことはなく、なぜならば「ロバの耳」は恐らく五島列島と岩礁で繋がっているかもしれないからだ。我々は今やこれらの間を通過するか、または長崎に引き返すか、他に方法はなかった。私は絶対的な必要性がなければ、長崎に引き返すという選択はしなかっただろう。

夕方七時ごろ、海峡のほぼ真ん中近くにいる計算であった。この時風は非常に強く、激しい突風があり、雨が降り続いた。艦は中檣帆を縮帆状態で八ノット以下で走ることはなく、乗組員全員が緊張して、いかなる危険も発見できるよう注意を払った。しかし夜の闇の中では、突然なんらかの危険が現れても、それを回避する望みはほとんどなかっただろう。夜十一時には、すでに西の方向へ五島岬の二十五マイルのところに来ていた。これで艦の安全を保障するには十分で、潮の流れが艦を海岸近くまで押し流すことはなく、船首を南西に向けることにした。毎時に測深用の綱を降ろしたが、百尋の深さの線まで海底が見つからなかった。

夜が明け、ひき続きコースを北に向けて走った。南西からの風は依然として非常に激しく、海の濃い霧と雨が降り続いた。私は最初は北へ、それから北北東へ、さらに北東ないし北へ舵をきり、対馬と日本の海岸の間を航行した。昼頃、風がさらに穏やかになり、およそ南西の風向きであった。それはすぐに西、および北西に変わるだろうと予想したが、この辺では通常南東風の後にその風向きになり、事実その後まもなくその通りになった。強い潮の流れが、北に向けて我々の走行をかなり加速させ、夕方にはわずかな時間晴れ上がり、北北東に陸地を見ることができた。私は最初、それが日本の海岸であるかと思った。というのは、計算によれば我々の位置は対馬からまだ四十マイルあり、対馬は我々の位置の北東ではなく北西あたりのはずである。

この二日間、潮の流れは我々を北東四十二度に毎時一マイル近くを運んだが、にもかかわらず、日本海岸のより近くに運んだのである。さらに驚いたのは、翌朝、前日我々が見たのは対馬だったことを確信したことだった。この幸運にも対馬を発見できた後に、直ちにコースを変え、夜通し突き進んだのである。この作業は、風がすでにほとんど止んでいたにもかかわらず、激しいうねりのために、実に不愉快な仕事であった。八時に、我々は対馬の南端からおよそ十二マイルのところにいた。そして水深を測ると、きれいな砂の海底で八十尋であった。

四月二十日の夜明けに、我々は北に向かって直前に対馬を見ることになり、そしておよそ五時半ごろ、南東方向に日本の海岸をも見ることができた。およそ二十八マイルの距離があったため、我々が見たものが幾つかの島からなるものかどうか、確かめられなかった。それが五島列島の続きなのか、あるいは一続きの陸地なのか、そして日本の海岸なのか、または、日本の近くにあるかなり大きな島なのか、確かめることはできなかった。我々が見た日本の海岸の真ん中の部分、および、我々の前のおよそ十五マイルをほぼ南北に走る線は、北緯三十三度五十二分、西経二百三十度十八分三十秒である。

＊　ある地図によれば、大きさでは対馬にさほど劣らない壱岐の島が、この方向にあるに違いない。

長崎を出発してすぐに荒れた濃霧の天気になったため、五島列島の西側を探検しようと思っていた私の意図は、まったく無意味となってしまった。しかし海岸の東側の地点のいくつかをかなり正確に測定してあったので、それによって五島列島の島の数、大きさ、範囲はそれなりの正確さで確定することができた。（これらの点は、これまでコルネット船長以外には調査されたことがなく、彼の航海誌は出版されていない）実に我々は日本の南西海岸の全体を、対馬の反対側に位置する部分まで、調査することができたと言えよう。我々は必要があってこの海岸を航行したのであり、日本人に対する約束を破ったわけではない。しかし天気の状態が思わしくなく、私のすべての希望には挫折するところがあった。

夜が明けると陸地が見え、対馬に並行する航路を保った。八時三十七分に、島の東端が真西に位置し、そしてアロウスミスの地図に描かれ、多分コルネット船長が発見した小さな島が東にあり、その島を彼の名前に因んで呼ぶことにした。正午に北緯三十四度三十五分五十五秒、三つのクロノメーターの測定により西経二百三十度十六分四十五秒で、三つの計器の平均は三十秒以内で一致した。対馬の北端はこの時点で、西ないし北の方角で、高い平坦な山があり、この地点から南西八十五度の遠くないところである。一時には、島の北端は我々のほぼ西に位置していた。

対馬は、ほぼ南北の方向に伸び、その最大の長さは三十五マイルである。島の幅については正確な知識が得られなかったが、十ないし十二マイル以上、あるいはそれ以上あると考える。なぜなら内部のいくらか遠いところに、高い山が見えたからだ。北緯三十四度六分三十秒、西経二百三十度四十三分に位置する南端から、島は東の方向に走る地点に至るまで、ほぼ北東方向にのびている。そしてその背後では、島が二つに分かれているようである。少なくともここでは深い湾が形成されており、その背景には、おそらく陸地が再び接近していると思われる。北緯三十四度十三分四十五秒、西経二百三十度三十分十五秒のこの岬からは、島はやや西に向かっている。この岬を私は、長崎の立派な奉行に因んでCape Fida-Buengono「肥田豊後守」と名付けた。彼は我々の長崎滞在中、常に我々に対して温和な態度で振る舞い、専制君主の独裁的な代理人のような態度はほとんど無かったと言えるだろう。対馬の北端は、ホルネル博士の観測によると、北緯三十四度四十分三十秒、西経二百三十度三十分三十秒である。上述した平らな山は、この地点から遠くなく、北緯三十四度三十二分零秒である。

＊　日本で作られた地図では、対馬は実際に二つの島として描かれ、狭い水路で分けられている。

この島の北東部は、南部よりもさらに山が多い。ここでもかなりの高さの山があり、白い斑点模様があって雪ではないかと思ったが、恐らくチョーク（白墨）の崖にすぎないだろう。さらに島全体が一連の高い山からなっており、深い谷が分け入っている。農耕作の状態が判断できるほど近くには接近できなかったが、十分に耕作されているだろうことは疑う余地がなく、それはその場所から考えても、また良く知られた日本人の勤勉さからもいえる。多くの美しい湾や港があることがはっきりと分かったが、東西の隣人〔日本と朝鮮〕たちとの交易の役割を果たしているに違いない。そして朝鮮人はしばらくの間日本との関係をすべて断ち切ったと言われているが、今なお、交易のためにこの島を訪れている。

＊　長崎の通詞たちの報告を信用するならば、日本の皇帝は現在も朝鮮の領有を主張しており、対馬の領主によって統治されているという。しかし、この主張は私にとっては根拠のない自慢話と思われる。それは通詞たちが、琉球島の王が現在も薩摩侯の家系から選ばれるという、薩摩侯に関して我々に披露して見せたかったお伽話に似ている。

コンパスの偏差がわずか西へ数分であることが分かった。水深は島の東側から十二ないし十五マイルの地点で七十五尋、海底にはきれいな砂、粘土、そしてムール貝があった。コルネット島は岩がむき出しの円形の島で、周囲が六ないし七マイル、メンドーザ〔Juan Gonzalez de Mendoza. 1545-1618. スペインのアウグスチノ会修道士〕の書〔Historia de las cosas masnotables, ritos y costumbres del gran reyno de la China. 1585.「シナ大王国誌」〕のなかでクック船長がみなした Hood Island フード島と似ている。北緯三十四度十六分三十秒に位置し、すでに述べたように、島の東方にある「肥田豊後岬」からおよそ二十三マイル離れている。

＊ アロウスミスの地図ではこの島は対馬の北端の真東に描かれているが、コルネット船長は対馬のそばを濃霧の中で通過したに違いなく、その東の地点を見ただけで、彼はそれを北の地点と間違えていると、私は信じるようになった。アロウスミスの地図では、小さな島の緯度は、対馬の北端と同様、北緯三十四度二十三分である。

ラペルーズの航海記の地図には、対馬の北端が北緯三十四度四十二分三十秒に描かれており、それは我々が観測した緯度と二分以内の差で一致している。しかし少なからず驚いたことは、我々の観測がラペルーズの地図よりも西寄りに三十六分の差があったことである。我々が経度を確定したのは港を出てからわずか二日後のことで、一千回以上の太陰観測を行った結果であり、ホルネル博士が極めて注意深くクロノメーターで測定したものである。したがって私は、我々の観測のほうが正しいとすることに躊躇はなく、それは仮に我々の経度計算の正しさが、別の証拠に出会わなかったとしてもである。一七八七年五月二十六日の正午、ラペルーズの船の経度は、その地図によると東経百十七度三十三分、対馬の北端の東方へ四リーグの地点である。この日ダジュレはブソール号の船上で、磁石を使い何度か太陰観測を行ったが、その経度をパリからの東経百二十七度十二分十二秒としている。この航海の間に行われた太陽観測から得られた経度について、トリースネッカーは、そのほとんどを、同じ時刻にグリニッチで行われた太陽観測と太陽観測によって修正している。ダジュレの観測による経度がグリニッチの西経二百三十度三十九分であることを発見し、子午線が対馬の北端より西に四度減じており、この地点を西経二百三十度三十五分としている。したがって我々の観測時計より東へ三分だけである。これは明らかにクロノメーターの誤りであることが証明され、ラペルーズの地図は、それに従って作られているのだ。私は、彼の指揮官〔ラペルーズ〕と不幸な運命を共にしたダジュレが、クロノメーターの正誤表No.18とNo.19とを用意しなかったことが悔やまれるばかりである。

＊　自分の二つの船に非常に広範囲に科学的観測器具を集めていたラペルーズが、Barthoudの時計の他に、イギリス製のクロノメーターを備えていなかったことに、私は度々驚いていた。二つのポケット・クロノメーターNo.25とNo.29はほとんど評価されていないが、チリにおいても役に立たないことが分かった。イギリス東インド会社の船は、三個以下しか持たないで航海することは滅多になく、一般的に数個を保持している。

ところが、大変うれしいことに、ラペルーズの航海記の第三巻にこれらのことを発見したが、五月二十六日の船の位置がパリ東経百二十七度四分五十二秒という正しい経度で示されているのである。したがって、地図に対馬の北端より西へ書かれた、五月二十六日のラブソルの計測した子午線によって、我々がこの四分を計算すれば、ラペルーズが示したこの島の経度は、我々の観測から一度しか違わない。これはNo.19の正誤表の訂正が正確であることを証明しており、我々が測定した経度に絶対的な確信が得られるに違いない。

＊　No.18の正誤表によれば、二十六日正午の経度は百二十七度二十三分十一秒である。そこには実に、No.18に従って訂正された経度が地図に書かれていることが表示されているのだ。しかしこれは、少なくとも五月二十六日のことではない。

Pik de Langle ラングル峰、クリロン岬、そしてアニワ湾の三つの重要な地点に関しては、ラペルーズも我々自身も、最大の注意をもって位置を観測しており、ダジュレの本当の経度と我々の観測との間の違いは、同様にわずかなものである。この発見はホルネル博士や私自身にとっても非常に嬉しいことで、重要なことである。すなわち、ラペルーズがマニラからカムチャツカまでの航海で行ったすべての観測のなかには、経度において一度の長さの誤りがあることになる。しかしこの誤りは、彼の地図をダジュレの正誤表に従って確かめれば、消滅することになる。

＊ 我々の地図では、能登岬とサハリンの西海岸全体に関してはこの修正を適用した。そしてサハリンの広さは五十ないし六十マイル増えるのである。

ラペルーズはその航海誌において対馬について何も書いていない。私が思うには、彼は五月二十五日の夕方の日没後に、日本の海岸に対して東ないし西から東南東にかけて進んだ時に対馬を見たと思われる。しかしそれは対馬の南の部分のみと思われ、なぜなら七時から翌朝五時まで東北東へ二十七マイル航行し、それはほぼ対馬の島全体の長さに近い。（ラペルーズの地図 No.44 を見よ）

ラペルーズ航海誌の海図を作成したブアーシュは、かれが五月二十五日と二十六日に東方に見たのは対馬である、と結論付けている。それによって陸地の北端と南端の緯度を対馬の緯度として採用したのだ。しかし私にはラペルーズがそのようには認識しなかったのではないかと思われる。そうでなければ、これまでヨーロッパ人航海者が誰も見たことのないこの島の位置について、彼が言及しないはずはない。これはまた、極めて許されるべき誤りであろうと思われ、古い地図にはすべて、対馬は我々が見たよりも日本の海岸のずっと近くに描かれているのである。そしてラペルーズが東に見たのは Iki 壱岐島、あるいは日本に近いどこか別の島、または対馬あるいは日本そのものと受け止めたのかもしれず、事実、対馬は日本の領有である。ラペルーズは、日本と朝鮮との間の海峡の幅を四十五マイルと考えている。しかし、我々が見た対馬と日本の海岸との間は、同様に二十八マイルから三十マイルであり、朝鮮から日本への距離全体は、最も近いところでもおよそ七十五マイルでなければならない。もし我々が見た陸地が日本の海岸ではなく壱岐であったならば、その距離はさらに大きくなるに違いない。

対馬を去った後、我々は北および東にむけて航行し、最初は順風であったが、間もなく北東風に変わった。四月二十二日の昼、東南東の方向に再び日本の海岸が見え、アロウスミスの地図によれば、その時の距離は百五十マイルであった。濃霧の天気で、観測することはまったくできなかった。しかし艦の走行した計算から、翌日に観測した潮の流れに従って訂正し、我々の位置は北緯三十五度五十九分、クロノメーターにより西経二百二十八度三分三十秒であった。我々は無風状態のなかで元気を出して働き、できるだけ海岸に近づこうとした。そして午後五時ごろ、九ないし十マイル以内に近づいた。その距離で百尋の測深ラインでも海底は見つからなかった。その時、真東に、かなりの高さのある岬と、その中央に窪みのようなものがあり、東南東には深い入り江が見えた。

目の届く限り、海岸は南西に伸び、二つの山に囲まれたかなり高い土地であった。円錐形をした最も高い山が南西十六度に見え、もう一つの山は真南にある。一連の非常に高い山が、南西から北東へと陸地の内部に伸び、入り江と岬の向こうに、少なくとも二十マイル以上はあるに違いない。岬からの我々の距離は十マイル以下で、空は晴れてはいなかったが、南にいくにしたがって晴れてきた。岬の北端は明らかに陸地から切り離されているように見え、一連の山並みはその背後に完全に隠れてしまっている。このことで私は岬が一つの島ではないかと信じるようになり、恐らく地図の Oki 隠岐と言う名前の島であろうと思い、そしてその緯度がぴったりと一致した。私は隠岐島はずっと大きな島であると信じていたのだが、我々が見た島の長さは北東および南西の方向に十マイル以上はなかった。

円形の高い山について、高名な天文学者フォン・ツァッハに因んで呼ぶことにし、その位置は北緯三十五度二十五分二十秒、西経二百二十七度四十分である。湾の中には多くの小舟がおり、すべてがこの島と本土を分ける海峡の方向に向けられていた。そして恐らく、ヨーロッパの船の出現に警戒したのか、政府に情報を伝えるのに急いでいたようである。岬の南端から近い所の湾の中に、小さな島があるが、海岸には岩場や岩棚は無いように見えた。もし天気が良かったならば、間違いなく、この岬の自然についてすべての疑問が解けただろう。

その日の夜は、北に向けて順調に航行し続けた。夜明けに東北東の方角に陸地が見え、それに向けて直行することにした。しかし風向きがよろしくなく、南東から東よりのコースよりも良い航路をとることができなかった。八時ごろ、昨日島だと思って見た陸地が、南東十八度の方向に現れた。しかしこの時の天気は霧が非常に深く、海岸に沿って北に向かう方がよいだろうと考えた。その方向には、さらに多くの陸地が続いて見えてきた。この海岸は、ごつごつとした高い岩山と急峻な谷が代わる代わる現れるという景色である。その最も顕著な地点は、円錐形の山で、観測によれば北緯三十六度六分、西経二百二十七度九分に位置する。正午にそれが真東の位置に見え、はっきりと見える陸地の北端は北東八十二度であった。午後六時には、その山は完全に見失った。おそらく海岸は、北緯三十六度十四分、西経二百十七度十分にある北端から、はっきりと東の方向に向かっているものと思われ、また、我々は風のために、北および北東よりも良いコースをとることができなかった。この走行の間、たびたび測深用の綱を降ろしたが、海底まで百尋の線でも届かなかった。

将来、日本の西海岸の調査を主要目的とする航海者が、隠岐島の位置を確定するに違いない。私は前日、湾の北に見えた陸地がこの島ではないかという意見を述べたが、その島の大きさは小さく、すぐに疑問が生じてきた。そして現在、四月二十二日に北緯三十五度十五分と三十五度四十五分との間に見た陸地はニッポンの陸地であると信じている。一方、その翌日に北緯三十六度一分と三十六度十四分との間に見えた陸地は、隠岐島か、あるいは小さな島であり、日本の古い地図によると隠岐島は小さな島に囲まれているのである。我々が見た陸地がニッポンなのか、あるいは隠岐島なのか、いずれにせよ、北緯三十五度と三十六度との間にあるこれらの地点の天文観測による位置が、日本国の西の境界線を決定するのに大きな役割を果たすだろう。そのことは、過去三百年間すでに分かっていることなのだが、一度も調査されてきていない。そして我々がこの陸地を見た状況からして、アロウスミスの地図には百マイル以上も拡大されて書かれているに違いなく、航海者たちはまさにこうした地図に最大の信用を置いているのだ。同じ理由から、この地図上では、日本海が北緯三十五度と三十六度の間で、より狭くなっているのである。

＊　この疑問点を解決しなかったことについて私の過ちを見出だそうとする諸氏に対しては、この航海において行う観察のために書いた私の計画書を参照されたい。また特に日本政府から日本の西海岸に近づいてはならないという制約があったことである。我々が北緯三十五度と三十六度の間に陸地を見たこの海岸を描いた地図が、極めて不正確であったために、我々はその時、陸地から百五十マイルの距離があると信じたことと、我々がこの海岸に停滞した二日間は、天気が極めて良くなかったことが大変残念でならない。

陸地を見失った後、北東方向に航行し続けたが、北東ないし東北東からの風が常に吹いていたために、ほんの少ししか進めなかった。四月二十六日、北緯三十七度四十三分、西経二百二十六度三十分の位置で快晴となり、静かな海となった。これを利用して二つのコンパスを使って磁針偏差の様々な観測を行い、磁針の偏差は二度九分四十秒から三度四十一分三十秒であった。その平均値は二度五十八分である。私は日本海の地図の作成の際にコンパスの偏差の修正を加えなかった。そのため、磁針はある時は東に一度か二度、ある時には、もっと西寄りであった。しかしこのことはこの場所だけではなく、蝦夷の全海岸においても同様であった。ラペルーズもまた、この海での航海中に同じようなわずかな偏差を見出した。そして北緯二十九度三十分、西経二百二十四度四十分において、我々と同様、わずか二、三分西の偏差を見出したのである。この一致は確かに偶然であるが、しかし、北緯三十度から五十度の間で行ったすべての計測も同様で、磁針の偏差は極めてわずかであるに違いない。

四月二十七日の夕方、北緯三十八度三十三分、西経二百二十六度十二分の地点で、海が激しく荒れた。繰り返し水深を測ったが、百尋の線でも海底を見つけることはできなかった。風が非常に強かったが、艦の航路および海は完全に静かで、最大で毎時二ノット、そしてたびたび操舵の反応を拒否した。この比較的遅い艦の進行、操舵の困難性は、強い潮流によるものであった。雨が激しく降り、天気はどんよりとし、恐れるほどではなかったが、バロメーターは嵐を知らせる様相で、二十二インチの線にまで降下した。そのため私は、その夜に向けて必要な対策をとったが、その効果は必要なく、翌朝は快晴となった。ラペルーズも我々と同様にこの海でのバロメーターの急激な下降について言及しており、その後に嵐が来ることもなく、実に我々がこの現象を観測したと同じ緯度と経度においてである。こうした現象が様々な観測によって得られるのは奇妙であるが、この海域では、ホーン岬の近くにおいてと同様、常にこうした下降状態になるのである。ラペルーズは我々と同様、この現象を非常に顕著な状態で経験し、我々もまたオホーツク海とクリール諸島の近くでも観測している。あるいはまた、この気圧の下降は、大気の状態の偶然の類似に帰するものかもしれない。長崎を出発した日、空気は重く、濃霧で、激しい雨と嵐であったが、バロメーターは二十九インチまでしか下がらなかった。この気圧の下降は一週間の間、日に日に大きくなったが、ほとんど体に感じることはなく、その後は快晴となったのである。

すでに述べたように、私は日本の西海岸を訪れることは許されていなかったが、北緯三十九度からは、私の約束を破るような疑惑を招くことなく、調査を開始することができた。津軽海峡の位置は実際上非常に不確かで、南に向かって一度のところに発見できるだろうと思ったが、予想したよりも一度北寄りに発見したのであった。四月三十日に北緯三十九度二十二分を観測したので、そこから真東に針路をとり、三十九度の線に到達しようとした。海流が過去数日間、南西であったからである。しかしながら海流は今や北東であり、北緯三十九度では陸地を見ることはなく、少しがっかりしたが、東に舵をとり、三十九度四十分に陸地を見たのである。

五月一日、東北東のおよそ十八ないし二十マイルのところに陸地が現れた。それはまったく島の様相であり、地図の北緯三十九度近くに描かれたIwo-simで、津軽海峡と酒田湾との間にある島であることに疑いをもたなかった。しかし翌日、それは島ではなく、西に向かって著しく突き出た岬であることに確信をもった。それは中央に丸い頂上のある高い山によってはっきりとした姿をした岬であった。この岬は周囲がおよそ三十五マイルで、北緯三十九度五十分零秒、西経二百二十度十六分零秒である。この地点は少なくとも、この山の位置であり、まさに岬の中心にあり、その山腹は全方向に徐々になだらかに下っている。その南端は三十九度四十六分、北東端は四十度零分である。このはっきりとした岬を、私は「ロシア人の岬」〔男鹿半島入道岬〕と名付けた。その南側は、概して山が多く、陸から突き出た地点が並んでいる。海岸は急な崖で、相当な大きさの巨岩が寄せ合っており、海岸からわずかな距離のところに特に人目をひく光景となっている。この岬の北側は大きな湾を形成しており、その南側の陸地は東の方向にはるか遠く落ち込んでいることから、初日に我々が島であろうと思ったように、島の姿をしているのである。また、その反対側（北側）は、我々が湾の中に入って、その背後が陸とつながっていることをはっきりと見るまでは、確信できなかった。しかしながら、それは非常に狭い水路で分けられているのかもしれない。

この岬の付近の強い潮の流れによって、その様々な地点の緯度を正確に確定することがほとんど不可能となり、また、その地点を一致させることができなかったために、海岸を正確に描写することも上手くいかなかった。もしもクロノメーターを使って経度を確定できるような精度をもって、毎時緯度を測定することができたならば、緯度における数分の誤差は経度についてよりも大きなものではない。どこの海岸を調査する場合でも、強力な潮の流れに対して挑戦することができるだろう。しかし、観測上の地理的緯度の測定方法が、たびたび疑問視される問題が非常に長く続いている。その間は、また少なくとも経度に関してもたびたびそうした状況があり、我々はいかなる海岸においても極めて正確な観測ができるだろうと期待してはならないだろう。

五月一日午後二時、海岸から五マイル以内のところに近づき、そこでは水深が七十尋の線まで届かなかった。岬の西側には滝、北西側には入り江があり、錨を降ろすことができる完全な避難場所を提供しているように見えた。数多くの船が陸地の近くを帆走していた。だが、どこにも家を見つけることはできなかった。霧が深かったため、「ロシア人の岬」から続いている陸地をはっきりと見ることはできなかった。しかし雲の方角からすると、ほぼ真南の方向だった。コンパスの偏差は、午前と午後の観測の平均値で、西零度四分三十秒であることが分かった。

翌日は快晴で、日本の海岸のこの地方の調査には最適で、特に津軽海峡の探索には絶好であった。私は海岸沿いに、できるだけ陸地に近い所を帆走した。「ロシア人の岬」の北端の背後にある陸地は低地〔八郎潟～能代平野〕で、東に向けて長い岩場にまで達し、東の方向に落ち込み、大きな湾を形成している。ここで我々は入り江があるのではないかと想像し、入り江が現れるごとに、津軽海峡ではないかと確かめようとの期待で、直ちにそれに向かって舵を取った。しかし、陸地全体が完全につながっていることが分かり、背後には高い山々が南北に伸びていた。午前七時、海岸から最大で四マイルに近づき、測深したところ、小さな石が混じった粘土の海底で、五十五尋の測定であった。

北緯四十度五十分、西経百十九度五十四分の位置で港のある町が見え、数隻の船が泊まっていた。そこにある谷間はかなり高度に耕されている様子であった。穀物の畑、牧草地にはかなりの数の牛が生草を食んでおり、群生する樹木、これらは明らかに自然が造る芸術以上のものであり、この一帯を美しくしている。海岸は全体が砂浜で、ここでは波が大きく、上陸は非常に困難である。ただ一か所、河口と思われる地点があり、小さな船隊が停泊している。こうした見解は、ある船が午前中この場所に向かって走るコースによって確認された。その船は港に到着するために、北に向かってかなり航行するのであった。海岸からおよそ三マイル離れたところで、固い粘土と砂の海底の二十五尋の水深を測定した。この小さな町に加えて、海岸沿いに幾つかの集落があり、恐らく漁師の住む家だろう。多くのクジラが艦の周囲を泳ぎ回っていた。谷間からは一連の雪をかぶった高い山々が北にむかって立ち並び、陸の途切れる地点まで続き、そこは午後二時頃に我々の真北に位置していた。そしてこの陸地の背後には陸地が全く見えなかったので、確定したわけではないが、津軽岬があるだろうと確信した。この岬に向かって我々は穏やかな微風とともに進んだ。天気が良く、時計が示す経度の測定ないし確認のために太陰観測をすることができた。六個の時計が平均値で西経二百二十度零分であった。No.128の時計は同じ時刻に二百二十度十一分四十五秒で、実際の西経は二百二十度十一分十五秒、艦の測定では二百十九度五十二分であった。

およそ五時ごろ、四隻の大きな船が、南東の方向にある町から出てくるのが見え、大急ぎで我々の方に近づいてきた。それぞれの船には二十五人ないし三十人の人が乗っており、彼らの意図が何か、怪しげな風であった。しかし、良く知られた日本政府の厳重さからすれば、彼らが敵対的な行動をとることはほとんど考えられなかった。それでも私は慎重になり、砲弾を込め、兵士たちには武装するよう備えた。六時までに彼らは我々の艦に追いつき、我々は日本語で彼らに呼びかけ、艦に乗り込んでくるよう要請した。しかし、彼らは恐れた様子であった。艦の周囲を二度ほど帆走し、艦に対して最大の注意をもって観察した後、帆を上げて町に戻って行った。おそらくこの地方の総督が我々を監視するために彼らを派遣したのだろう。我々の出現が彼の関心を刺激したに違いなく、疑いなくヨーロッパの船舶が日本のこの海岸に現れたのはこれが初めてだろう。おそらく我々の行動を観察して、意図を見抜こうとしたのではなかろうか。彼らの船は、ヨーロッパ式の漕ぎ方や、長崎や日本の北部で行われるような、橈を交代で左右に動かす漕ぎ方ではなかった。こうした状況からして、乗り組んでいたのは朝鮮人の海賊ではないかと思わされるようになった。

＊　我々がカムチャツカに到着した時、そこに残してきた日本人〔善六〕から教えられたことだが、日本本土の西側の津軽海峡から遠くないところには、海賊が住む小さな町があるという。おそらく我々が見た町は正にそれだと思われる。そして近づいてきた四隻の船は我々から略奪しようとしたが、おそらくそれまで見たことのないほどの艦の大きさにたじろいでしまったのではないか。

日没にかけて海岸全体がはっきりと見え、海岸から三マイルか四マイル以下の近さにいることが分かった。北の方面に、陸地がとぎれるところの頂上に雪が積もった山は、さらに内陸にある山脈のなかで最も高いものと思われた。町の近くにある美しい谷間、南に向かう高い山脈〔白神山地〕は実に絵に描いたような風景だ。さらに澄んだ空気と穏やかな風は、この風景を少なからず美しいものにし、我々は一晩中この穏やかな天気のなか、ゆっくりと帆走したのである。

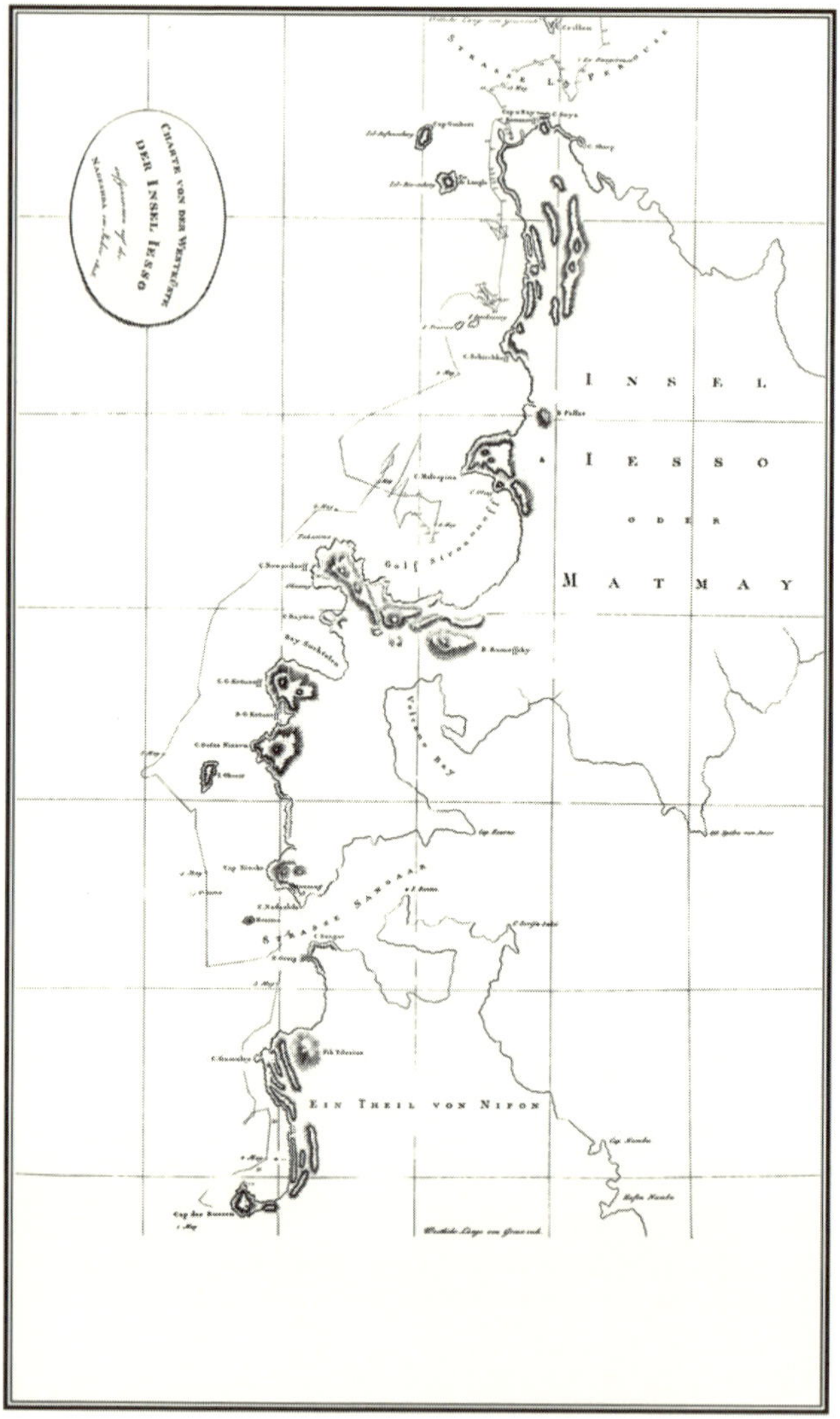

日本北西部および蝦夷島松前沿岸海図

五月三日の夜明け、我々は全帆を上げ、海岸にそって舵をとった。その方向は北½西で、前日見た山並みと同じ方向であった。かなりの高さの岬が西に向かって前方にあり、「ロシア人の岬」と同じように島のような姿をしている。しかし陸に近づくにしたがって、それが主な陸地に繋がっていることを確かめた。この岬の中心は、北緯四十度三十七分四十秒、西経二百二十度十一分三十秒にあり、Cape Gamally ガマリー岬〔艫作崎〕と呼ぶことにした。ガマリーは私の大切な友で、海軍候補生団の監督将軍である彼の名前に因んで名付けたのである。この岬はこの海岸で非常に顕著な地点で、様々な方向をとっており、最初は北東、続いて東北東で、私はしばらくの距離をその方向で進んだ。津軽海峡の入口を発見できるのではないかと、一時期待したのである。ここで我々は非常に高い山を見ることになり、丸い形で、完全に雪に覆われている。この山について私は、我が艦の博物学者の名にちなんで、Peak Tilesius ティレジウス峰〔岩木山〕と名付けることにした。北緯四十度四十分四十秒、西経二百十九度四十九分である。

海岸の東の方向の終わりは津軽海峡の入口だろうという私の期待は、間もなく消えてしまった。なぜならば、北の方向には陸がはっきりと見えてきて、それが東につながり、大きな湾を形成していたからだ。湾の北端は、突き出した岬になっており、十一時ごろにそれを見ることになった。この湾にはどこにも入口がないことが確実になったため、私は岬に向かって進むことにした。太陽が絶頂点に達したちょうど四十四分後に、その岬は我々の南に位置し、三マイルないし四マイルの距離であった。正午に非常に良い観測ができ、この岬の位置は正確に北緯四十一度九分十五秒、西経二百十九度五十二分零秒であった。岬は岩がごつごつした、黄色の岩がむき出した塊の急峻な崖で、一連の高い雪の山々を起点にしているようである。この岬について私は、Greig グレイグという名前を付けた。

グレイグ岬からは海岸は、次の岬まで再び北東方向へと延び、それから東に向かっているようだ。

雪をかぶった高い山脈が北北西の方向に現れ、これも東の方向へ続いており、我々は蝦夷あるいは松前に属する山々で、今まさに津軽海峡に来ているに違いないことを確信し、間もなくその通りとなった。日本本土の北端の岬、津軽岬〔竜飛岬〕であり、そこから海岸は東に向かう。蝦夷島には、この岬の真北に別の岬があり、私はこれを我が艦の名前に因んで、ナジェージダ岬〔白神岬〕と名付けた。そこからは蝦夷島の南海岸が東へと伸びていると思われる。したがってこれら二つの岬が津軽海峡の西の入口を形成しており、津軽岬は北緯四十一度十六分三十秒、西経二百十九度四十六分、そしてナジェージダ岬は北緯四十一度二十五分十秒、西経二百十九度五十分三十秒に位置し、有名なこの海峡の西の入口の幅は、どこかの地図に描かれているような百十マイルではなく、たった九マイルである。ナジェージダ岬の前面には、いくつかの岩場があり、波が激しく砕かれている。

＊ ラペルーズは津軽海峡のこの大きな幅を、オランダ人船長フリースに従って採用している。それ以前の海図にはより正確に描かれている。例えば、ショイヒツェルの日本地図では十五マイルにすぎず、前商務大臣のソイモノフ氏が一七八七年ペテルブルグで発行した「ロシア人による発見」のフランス語の地図では十マイル以下である。ソイモノフ氏は多分、この海峡の幅を二十ヴェルストと規定したクラシェニンニコフを典拠にしているのだろう。さらに、この海峡の最初の記録を残したブロートン船長以前にも、〔ラペルーズ航海記〕のブアーシュは覚書 « sur les terres decouvertes par La Perouse » のなかで、百十マイルとは信じられないと述べており、アロウスミスはそのアジア地図のなかでそれをかなり縮めて描いている。

一八〇二年ペテルブルグにおいて、太平洋北東部におけるロシア人による諸発見の地図が発行されたが、その地図は博学の技師ズフテレン将軍の監修のもとで地図保管部から刊行されたものだ。これには初めて蝦夷の西海岸が相当な正確さをもって描かれている。それ以前の地図では、ヨーロッパ人はまだ誰も航海したことはなく、その部分は点線で示されているだけだ。しかしこの地図で特に他の地図と異なっている点は、蝦夷とサハリンとの間に樺太またはチョカと呼ばれる島がある点である。この島と同様、蝦夷島の西海岸はある日本人の地図を根拠にして挿入されている。その地図は、ラクスマンがエカテリーナ女帝の命によって祖国に帰還させた日本人、光太夫がロシアにもたらしたものだ。この樺太島の存在こそ私が確かめたかったことで、そのために津軽海峡を通過することを止めることにしたのであり、私はその西の入口を確かめたかっただけである。それよりもむしろ、蝦夷島の西海岸を調査し、蝦夷島と樺太を分ける海峡を通ってオホーツク海に入りたかったのである。

こうしたことで地図を実際に解明することは非常に有益なことであった。なぜかというと、この地図は津軽海峡の西の入口を四分の三度南に寄りすぎて描いているが、それにもかかわらず我々は大島と小島〔松前大島・小島〕の両島がともに津軽海峡に相対して位置していることを発見したからである。このことによって我々は蝦夷島の北に新しき島、樺太を同じように発見できるという希望をいだいたのである。

午後四時、我々は津軽海峡の真中近くに向き合う位置にいた。そこからはマストの天辺からでも陸地を見ることはできなかった。しかし両側には、津軽岬、ナジェージダ岬の東に幾つかの岬があることが分かった。蝦夷島には北北西に一つの岬があるのが識別でき、それは上述した「ロシア人の発見の地図」ではSineco 州根子〔北海道檜山郡上ノ国町〕という名前が付けられている。

＊　この地図に示された名前は、恐らくすべて固有の名称と思われるが、そのまま記述することにした。

北緯四十一度三十八分三十秒、西経二百二十六度六分三十秒に位置するこの岬からはいくつもの岩場が海に広がり、おそらくそれらは岬の同じ方向の前面にある小さな島と水面下で繋がっているものと思われる。ナジェージダ岬から州根子岬への線は、北、西であり、その間の距離は十八マイルである。この間の大きく開けた湾には松前の町があり、日本人はこの名前を蝦夷島全体に拡大している。この町は相当大きな町であり、奉行が居住している。しかし聞くところによると、この島全体にはこれほど大きな町は他にないということである。岸近くに数隻の船が停泊し、または船架に繋がれている。しかし安全な湾がないために、商業にとっては大きな障害になっているに違いない。風が良くなかったため、州根子岬を再訪することができず、松前の町から三マイルのところに停滞し、そこは岩の海底で、水深は九十尋であった。測定したところによると松前の町は北緯四十一度三十二分、西経二百十九度五十六分である。夕方にかけて風はたいへん穏やかになり、また海流の大きな勢力に曝された。その海流によって艦は津軽海峡に向かって東に流され、北からの強い風が吹くことでようやく陸地から離れることができた。

蝦夷島の南海岸は、日本本土と比べて驚くほど対照的である。蝦夷島の近くでは、植物も穀物の畑も見当たらなかったが、日本本土では、農耕地はどこにでもあり、山の頂上にいたるまで耕されている。ただ日本の北部の地方だけは、その荒涼たる隣の陸地に似ているところがある。蝦夷島全体を北から南へ分けている雪をかぶった連山は、本土の北西でも同じ方向に並んでいるようだ。そして、谷間以外は、また五月二日に通過した小さな町を除いては、不毛の地の様相をしている。勤勉な日本人でも、ここでは明らかに何も生産することはできないようだ。おそらくこれら蝦夷島と日本島はかつて、何かの爆発的な地殻変動によって別々に裂かれ、イギリスがフランスから、またジブラルタルがアフリカから、そしてシチリアがイタリア本土から別れたのと同じように想定される。日本本島と蝦夷島を分ける海峡の狭さ、高い断崖、我々が識別できた限り両側に同数の岬、それらの位置はそうした分離を明白に示しているものと私には思えた。高い山脈が同じ方向に並んでいること、明らかに海峡で分断されていること、そして高いティレジウス峰〔岩木山〕が近いこと、それは死火山または多分活火山の兆候をもっており、恐らく、そこから地下の火山活動が最初に噴火し、この激しい地殻変動をもたらしたのではないか。これらすべての状況がこの見解を強めるものと思われ、さらに良く知られるように、日本の北部はたびたび恐ろしい地震が発生することからも一層そのように思われる。この有名な海峡を初めて航海することになれば、海峡の位置、土壌の性質、両岸の生産物の調査が可能になるだろうし、私の見解が根拠をもつか、あるいは間違っているか、決定することになるだろう。

西北西の風が強く吹き、四日の夜明け、ひき続き北に向けて航行することができた。二つの島、大島と小島〔松前大島と小島〕の間を航行し、西の端にある大島から三マイルの距離を走り、百尋の線でも水深を測ることはできなかった。この二つの島は、ほとんど火山の性質をもった黒色の荒れた岩であった。大島は北緯四十一度三十一分三十秒、西経二百二十度四十分四十五秒に位置し、丸い形で周囲がおよそ六マイルである。その頂上から煙が出ていることがはっきりと分かり、それは噴火口の様相をもち、山腹を曲折して流れる溶岩のコースから見て、ティレジウス博士は、噴火が恐らくわずか数年前に起こったものと確信した。北緯四十一度二十一分三十秒、西経二百二十度十四分零秒にある小島は、やや長い形状で、周囲はおよそ六マイルになるだろう。この島の北の少し離れたところにはかなり高い岩礁がある。この両島間の位置する方向は、北西と南東六十四度で、その間の海峡は幅二十マイルである。

仮に濃霧のために観測ができなかったにしても、津軽海峡の西の入口を見失うことはない。南側から航行すると、最初に印象的なのはティレジウス峰であり、周りの山々よりも極めてはっきりと立ち上がり、そのピラミッド型の姿、高さ、常に雪をかぶっていることから、見間違うことはない。そしてグレイグ岬は同様にその色や形から目立っており、そこから海岸は津軽岬に至るまで北東ないし北の方向に九マイルの距離である。一方、北側から接近する場合は、大島と小島の両島が一番わかりやすい指標である。その後にティレジウス峰とグレイグ岬が目印となる。両島間の通航は完全に安全である。小島は海峡のちょうど真ん中に面している。ただし潮流には最大の注意を払わなければならず、その速さは津軽海峡に近づくにつれて一層強くなってくる。蝦夷の南西海岸、松前の町、そしてナジェージダ岬はいずれも簡単に見失うことはない。正午少し前に、「ロシア人による発見」の地図にある Okosir「奥尻」という名前の島が見えた。

＊ ショイヒツェルの地図では、この島はクビテ・シマと呼ばれている。これは恐らく日本人が付けた名前で、一方奥尻は、元来アイヌまたは蝦夷の住民が付けた名前である。蝦夷島に近い幾つかの島の名前の語尾が Shery シリで終わる島、例えば Rifunshery「礼文尻」や Rioshery「利尻」ということを考えれば、この島の正しい名前は奥尻だろう。

この島の北東には、現地では Oota-Nizawu と呼ばれる高い岬がある。午後五時までに、我々は奥尻島からおよそ八マイルのところに来た。この島の中央部は北緯四十二度九分、西経二百二十度三十分であるが、その最大の長さは、およそ北北東および北北西の方向に十一マイルで、最大の幅は約五マイルである。人は住んでいない様子で、島は端から端まで深い森林に覆われているからだ。島の北東端の近く、およびそこから東にかけて、一連の黒い岩礁があり、言ってみればそれ自体が島であり、明らかに奥尻島とオオタニザウとの間の海峡となっている。十一マイルの幅があり、その通航は不可能とは言えないが、少なくとも危険である。（ブロートン船長はこの海峡は安全であることを発見している。）島の南端には、ピラミッド型の高い岩があり、その西岸は同様に岩に囲まれている。オオタニザウという岬〔帆越岬〕は、我々の観測によると、北緯四十二度十八分十秒、西経二百二十度十四分零秒に位置し、州根子岬から北西八度の方向四十マイルである。

風が真西から強く吹き、また奥尻島の南側に向かって帆走する必要があり、蝦夷島のこの部分をある程度の正確さをもって調査することもできなかった。しかし天気は快晴で、遠くはなれていても陸地のどの地点も見ることができ、内陸の遠くにある上述した雪をかぶった山々を除いて、この辺りは完全に平坦で、深い湾や突き出た岬もなかった。夕方にかけて風も止んで、一晩中奥尻島を見失うことはなかった。

五日の夜明け、オオタニザウの北東に突き出た陸地がはっきりと見え、非常に深い湾を形成し、湾は東の方向に向かっていると思われる。この湾の北側には、その西端が cape Luzuky ルツキ岬であるが、ロシア製の地図にあるように、私が副将軍ゴレニシェフ・クツゾフの名前に因んで呼んだ湾はそこではなく、そこには良い港があるものと理解した。上述した岬の北には、別の大きな湾があり、南東の方向に少なくとも二十マイルは内陸に向けて伸びている。これら二つの湾はその間の陸地に対して、一つの島、あるいは半島のような外観を呈している。それは日本本島の北西岸の「ロシア人の岬」〔男鹿半島〕に似ていなくもない。この岬は南北の方向に長さが十五マイルで、その中間には、非常に高い山〔狩場山地〕がある。私はこの岬について、長年にわたる勤務の功績を果たした故クツゾフ将軍の名誉を記念してその名を付けた。北緯四十二度三十八分、西経二百十九度五十九分に位置する。この岬の北に広がる大きな湾にたいしては、ズフテレン将軍の名前を付けることにした。その北端の地点は日本人、あるいはむしろ蝦夷の原住民が cape Rayten「雷電岬」と呼ぶ岬である。この岬は大きく海に突き出ており、北緯四十二度五十七分、西経二百十九度四十四分、南北におよそ五マイルあり、二つの岬間には十六マイルの幅のズフテレン湾を形成している。

この海岸からごくわずかに離れたところにそって、快晴の天気のなか帆走したが、この沿岸は、数多くの湾や岬があり、これまで知ることになったなかで最も注目すべき湾の一つである。雷電岬の北には別の岬があり、その正しい名前は、Okamuy オカムイ〔神威〕である。これら二つの岬の間には、ズフテレンとクツゾフの両岬ほどの大きさはないが、もう一つの湾がある。オカムイ岬から陸地は最初北北東にあり、後に北東、そして最後に東の方向に向かい、別の岬へと続く。この岬は〔前述した地図に与えられた正しい名前をもって呼ぶならば〕cape Taka-sima 高島岬〔積丹岬〕であるに違いない。しかし我々はこれらの間に描かれた湾を見つけることはできなかった。高島岬から陸地は急に南西の方向に向かっており、はるか遠くに北北東に伸びる高い山地が見えた。その山地はさらに東の方向に続いているようである。したがってここには東に向かう深い湾があり、快晴の中でマストの天辺からも一切陸地が見えず、これは樺太島と蝦夷島との間の水路ではないかと思っても当然のことであった。したがって私は東の岬、すなわち高島岬に向けて東南東のコースをとり続けた。北西風が強く、夕方前までには、これに関して良い情報が得られるのではないかと期待した。この仮定した海峡に行くか行かないうちに、正午ごろに凪となり、凪は夕方まで続いた。位置を測定すると、北緯四十三度三十分三十七秒、西経二百十九度三十六分零秒であった。最も近い陸地は、東にある低い岬で、七マイルないし八マイルの距離があり、百六十尋の線の測深でも届かなかった。

オカムイ岬と高島岬、そしてその間の三番目の岬は、海におよそ二十マイル伸び、南北におよそ十六マイルの山の多い陸地〔積丹半島〕の一部で、両側面に深い湾がある。私はこの顕著な岬に対して、科学アカデミーの会長の栄誉のために、その名を付けた。オカムイ岬の南端は北緯四十三度十一分零秒、西経二百十九度三十四分三十秒である。そして我々が海峡と見間違えた大きな湾の南端である高島は、北緯四十三度二十一分十五秒、西経二百十九度二十九分零秒に位置する。この岬のこれら三つの地点はすべて岩礁に囲まれ、高島は、帆走している船の形とまったく同じ姿をしているので特に目立っている。

この湾の北東および南西海岸は雪に覆われた山々からなっており、それと同時に相当な大きさの樹林が生い茂っている。内部の高い山並みは、恐らく一年中雪が消えないかもしれない。沿岸に近い低い山々は、ほとんど谷間で分けられていることはないようだ。この地方には人がすんでいるにもかかわらず、どこにも耕作された跡を識別できる場所が見つけられなかった。高島岬に近い低い場所では、非常に深い樹林が生い茂っているが、数か所で煙が立っているのが分かり、夜中には焚火が幾つか見えていた。この岬から遠くない、湾の北の地点には、高い山の麓にさほど高くない峰があり、その形から、この湾の非常に目立った特徴になっている。それは北緯四十三度四十分零秒、西経二百十八度二十四分零秒の位置である。その近くには、別の少し低い峰がある。湾の南側に、二つの陸の地点が突き出ており、小さな入り江を形成している。二つの地点の間には、険しい山があり、近くの山並みの中に深い窪地を包み込んでいる。最初の地点は北緯四十三度九分、西経二百十九度十五分三十秒、もう一つの地点は北緯四十三度七分三十秒、西経二百十八度五十分零秒である。

風は引き続き南東から吹き、湾の奥深く入るには針路を変える必要があり、私はなおも航路を発見することができないか、望みをもっていたのである。測深用の綱を降ろし続けたが、百五十尋の線でも測定できなかった。一つの特別に高い山が、周りの山々の上に相当高く頭を出し、その頂上は他の山よりやや平坦だが、現在南南東の方向に姿を現した。この山について、科学アカデミーの天文学者ルモフスキーの名前をとって名付けたが、その位置は北緯四十二度五十分十五秒、西経二百十八度四十八分三十秒である。そして陸のさらに奥には、湾の同じ沿岸に火山の形をした非常に印象的な山がはっきりと見えた。さらに北側のもう一つの山からは、煙と炎が立ち上っているのが分かったが、この火山の噴火口は識別することはできなかった。

五月七日、南西からの柔らかな微風が吹き出し、全帆を上げて湾の奥へ進んだ。そしてとうとう、百尋の深さの海底を測定したが、徐々に浅くなっていっていった。午前八時、明るい空と晴れ渡った水平線が見えるなかで、すくなからず残念だったのは、陸地がさらに南東へと接近し、そのために今や非常に狭い水路だけが現れたのだ。この発見は、私をほとんど失望させるものだった。しかし、それにもめげず、私は南東に向けて航行し続け、最終的にその方角に非常に平坦な沿岸と完全に繋がっていることがはっきりと分かった。その時点での水深は三十三尋で、海底はきれいな灰色の砂であった。この辺の海水は塩気が少なくなり、湾の最奥には大きな川があると思われた。そしてこの予想は、艦の傍に漂ってくる多くの流木によって、さらに強い印象となった。我々が大きな湾の中にいることが確実になり、十時過ぎに艦を転回し、湾の北端に針路を向けた。この岬ついて私は、不幸な運命になったスペイン人航海者 Malespina マレスピナの名前に因んで呼ぶことにした。観測によるとこの岬は、北緯四十五度四十二分十五秒、西経二百二十八度四十一分三十秒の位置である。海峡が見つけられなかったことは残念だったが、三日間この湾〔石狩湾〕を探検できたことには後悔はなかった。そしてもし風向きが北西に変わることがなかったならば、ここが一つの湾であることが確かになった後でも、その最後まで調査を続けるべきであったかもしれない。そのためには、海に出るために数日間待たなければならなかっただろう。この大きな湾は、ノヴォシルゾフ岬とマレスピナ岬が互いに北東微東、北西微西に四十二マイルの距離で向き合う間に、北西から南東にかけて六十マイルの深さがある。私はこの湾を科学アカデミー会長に敬意を表して、ストロガノフ湾と命名した。

湾を出た日は概ね、霧が濃く、静かであった。夜にかけて穏やかな風が吹き出し、潮流が湾の北東側に向けて非常に強く流れていたため、南西に針路をとらざるを得なかった。八日の夜明け、再び陸に向けて針路をとると、マレスピナ岬の背後に高い山々がはっきりと見え、海岸は北の方向に続いていた。これは再びマレスピナ岬から大きな湾を形成し、その北西端は北緯四十四度二十五分、西経二百十八度二十八分である。私はそこを、多くの貢献を果たした副将軍に敬意を表してシシュコフ岬と呼ぶことにした。この湾のある陸地は、これまで蝦夷島で見たなかで一番低い土地で、雪をかぶった高い山並み〔増毛山地〕が途切れることなく続き、ほとんど変化がなかった。そしてこの湾の唯一の目立った地点は、北緯四十四度零分、西経二百十八度六分にあるやや高い山が一つと、低い岬であった。この岬〔雄冬岬〕を私は、有名なパラスの名前に因んで、パラス岬と名付けた。

十時に、「ロシア人の発見地図」にあるテウリレ〔天売島〕とヤニケッセリ〔焼尻島〕という名前の二つの島を見つけた。前者は北東二十五度、もう一つは北東十度の角度である。これらはシシュコフ岬のほぼ西の位置にあり、ともにほとんど岩だけの島である。それぞれ最大の長さがおよそ四マイル、幅がおよそ半マイルである。東側の島ヤニケッセリは非常に低い土地で、もう一つの島はやや高い土地で、その南端に岩場があり、東側は岩礁となって、波が激しく砕けていた。この島には、いくらかの藪が生えているのが分かったが、他には何もなかった。両島はほぼ東西に向き合う位置にある。テウリレ島は北緯四十四度二十七分四十五秒、西経二百十八度四十三分十五秒にあり、ヤニケッセリ島は北緯四十四度二十八分四十五秒、西経二百十八度三十七分四十五秒にあり、シシュコフ岬から十マイルの距離である。

強い南西風が吹く中で、これらの島のまわりを航行し、その後再び針路を南東に向けた。なぜならば、これらの島がその背後に瀬戸を隠しているかもしれないからだった。しかし天気は今や霧が深く、曇っていたために水平線がほとんど見えなかった。そのため海岸にできるだけ近づき、夕方八時頃に海岸から最大三マイルのところに来た。水深は二十八尋、海底はきれいな砂だった。海浜は低く、ほとんど全体が砂浜であった。陸の奥には、高い山々が見えた。陸地は北から北微東に伸びているが、まったく海峡が現れる様子はなかった。乗組員の何人かが、北東微東の方向に入り江が見えるようだと言ってきたので、その方向に針路を向けた。しかしより近づくと、それはまったく消えてしまった。我々は一晩中、そして翌日と針路を変えたが、それはもう一度この海岸を徹底的に調べたかったからだ。しかし海岸が濃霧のために昼前の十一時まで、完全に隠されてしまった。我々が現在いるところが海岸に近いことで、二つの島と本島との間を見ることができ、前日海峡に関して抱いたあらゆる疑問を解決することができた。それでもなお、シシュコフ岬がはっきりと見えるまで、またマレスピナ岬まで海岸が間断なく続くのが見えるまで、針路を南西にとる必要があると考えた。それと同時に、北西微北の方向に完全に雪におおわれた高い山が見え、それがどこかの島の上にあるに違いないと思った。翌日、それはラペルーズがPik de Langle「ラングル峰」と名付けた山であることを確認した。私は針路を南西から北に変え、蝦夷島の海岸とこの峰の間を通ることにした。

＊　ラペルーズがこう呼んだラングル峰は恐らく、かのオランダ人がBlydebergブライデベルクと呼ぶ島と同じ島だろう。

多分私は、この航海の記録において、重要でないことを述べてきているかもしれない。しかし、我々のいる緯度の傍には、樺太島と蝦夷島との間の海峡がこの近くにあるはずで、海岸を極めて正確に描く必要があると考えたのである。それはそのように信じている人々に確信を与えるためであり、実際にそこにあるならば、我々が見逃すはずはないのである。我々は今や、陸地沿いに並行に帆走し、北微西の方向に陸地から三マイルないし四マイルの距離のところを航行した。そして間もなく蝦夷島の北端が北二分の一西の方向にはっきり見えてきた。水深はほぼ一定に二十五から三十尋で、海底はきれいな砂であった。夜の間、我々は海岸を離れ、帆を縮めた。そして十日の夜明け、北の方向に海岸沿いにコースを続け、海岸から決して三マイル以上離れることはなかった。どの地点をも見逃すことがないためである。すでに海峡を発見するという望みはすべてあきらめた。なぜかというと、地理的知識が足りない日本人がサハリンを小さな島と見做し、彼らの地図には蝦夷島の向こう側に小さく描いていることを、たびたび確信するようになったからである。そして日本人の地図のどれにも、樺太島の北には島が描かれていないのである。

＊　ヨーロッパの地図、例えばダンヴィル、ロバーツ、その他の地図では、サハリンは同じように小さな島として描かれている。

蝦夷島の北部は、南部よりも多くの優れた点をもっている。陸地は海から相当な距離にわたって平坦であり、雪をかぶった山々が始まり、島全体を南北に分けている。森林に覆われ、明らかに放棄されてはいない。海岸の多くの部分は、ごつごつしており、場所によって岩場であったり、砂地であったりする。その上に、この地方は単調な景色で、ほとんど変化がなく、それは南部の頂上が冠雪した山々のある海岸と同じで、山々は雲が切れた時にわずかに見られただけだった。しかし蝦夷島の最も肥沃であるここでも、住居の痕跡はまったく無く、最北端の地点だけ、わずかな漁師の小屋を見ただけだった。

朝の七時、ラングル峰のある陸地が真西に見え、およそ十二マイルの距離であるが、ほんの一瞬だけ、その麓が見えただけであった。蝦夷島の北端に近づくにしたがい、北西の方向に陸地が細い首のように伸びていることが分かった。そこには幾つかの小屋があり、その最果てには、藁束を結びつけた一本の高い柱が立っているのが見えた。この舌のように伸びた陸地は、夜間には危険であるに違いなく、非常に低い土地で、海に一マイル近く飛び出しているのである。これ以上北には陸地を見ることはなく、そしてこの時において我々は蝦夷島の北端にあり、したがってラペルーズ海峡の南端に達したわけで、あらたな海峡を見つけ出すという希望はこれにてすべて終わったのである。我々は、この長い舌のような陸地を二度航行した後ただちに、海岸沿いに東南東に針路をとり、適当な投錨地を探した。またここで何日間か過ごし、これまで世界に知られざるこの土地の情報を少しでも集めようと、自分自身に対して求めたのである。そしてまた、わが博物学者たちに、長らく待ち望んでいた情報を集める機会を与えることにしたのである。

十時に北に向かって完全に開けた大きな湾があることが分かったが、そこには大変良い投錨地があり、南の方面にある小さな入り江まで艦を運んだ。水深は十尋で、海底はきれいな砂と粘土、一番近い陸地からおよそ二マイルである。この蝦夷島の北端を、またこの湾全体を、商務大臣およびロシア帝国の顧問官であるニコラス・ロマンツォフに敬意を表して、ロマンツォフ岬〔野寒布岬〕、およびロマンツォフ湾〔宗谷湾〕と名付けることにした。北西六十八度、そして現地人がLaya ラヤと呼ぶ湾の東端は北東六十度である。霧が濃く、向こう側のサハリンの海岸を見ることはできず、またラングル峰の北に位置する島を識別することはできなかった。

第六章　蝦夷の北端およびアニワ湾における滞在

蝦夷北部の遅い春 ― 日本政府の一役人と数名の日本商人を発見 ― この地方の地理に関する所見 ― 蝦夷、松前、インス、奥蝦夷およびサハリンの名称について ― ロマンツォフ湾の描写 ― ド・ラングル峰 ― アニワ湾に向けて航行 ― Salmon Bay に投錨 ― アニワ湾における日本の工場 ― 湾内にヨーロッパ人の開拓施設の設置を提案 ― 開拓施設が商業にもたらす諸利益 ― アニワの占有は容易である ― この明らかに乱暴な手段の弁明 ― アイヌに関する描写 ― アイヌの身体的・道徳的特質 ― 婦人の貞淑 ― アイヌの衣服、装飾品、住居および家具、食糧、政治形態、人口 ― アイヌが毛深いという伝説を論駁

前章で述べた陸地の先端を航行する前に、四人の現地人を乗せた小舟が近づいてくるのに気がついた。彼らは艦の傍ら沿いに十五分間ほど漕ぎまわった。艦に乗ってくるよう説得したが、最終的には戻って行ってしまった。ところが、我々が錨を降ろすやいなや、その中の数名が訪れてきて、恐れることなく、いきなり艦に乗り込んできた。彼らは甲板上に来ると跪き、両手を頭に合わせ、顔から身体にそって下ろしながら、同時に身を低くして挨拶した。私は彼らにわずかな贈り物をすると、非常に喜んだ様子だった。また、ビスケットとブランデーを与えるよう部下に命じた。しかしブランデーのほうには興味を示さなかったようで、おそらく強い酒類にはなじみがなかったのだろう。そのうちの一人が小舟にいっぱいに積んだ良質のニシンを運んできた。それは我が士官や乗組員たちの夕食に十分な食べ物であった。

二時ごろに士官たちの大部分を連れて陸に上がってみたが、少なからず驚いてしまった。すでに五月の中旬になるというのに、また十分南に位置する国であるのに、ほとんど春の気配がないのだ。所によっては雪が深く残り、木々には未だ葉が芽吹いておらず、わずかなネギ類やアッケシソウなどの他にはまったく緑がないのだ。およそ三週間後にカムチャツカについた時には、季節はずっと先に進んでいた。そしてこの時季には、五月の中旬にニンニクやイラクサが十分に採取でき、乗組員の毎日の食べ物になるだろうとキング船長は言っていた。ロシアの西部の地方でも、蝦夷の地方から十八度も北に位置するアルハンゲリスクにおいてでさえも、四月に、この蝦夷島の五月のような荒涼とした季節はないだろう。

我々は長崎での六か月の監禁状態のなか歩く機会もなく、ここではそれを回復したかったが、まったく挫折してしまった。なぜなら海岸では砂地と石の上だけ歩くことになり、また数歩でも踏み出せば、湿地や雪のなか、あるいは深い泥地に入り込んでしまい、浜に戻らなければならなかったのだ。一人の現地人と出会ったが、かれはその朝魚を運んできてくれた人だった。すでに知り合いになっていたが、彼の家に連れて行ってくれと頼んでみた。彼は快く承諾し、連れて行ってくれた。そこでは大変に立派な作法で歓迎を受け、私は彼らの親切に報いて、家族たちにいくらかプレゼントを配った。

夕方七時に艦に戻ったが、士官たちの一団は翌日、再び陸に上がって行った。私は艦に残ることになった。なぜなら前日、ちょうど艦を離れた後に、数人の日本人が艦に来て、翌日また来る旨の約束をしていったからだ。

十一日朝九時、日本人たちは役人を先頭に、島の現地人が漕ぐ大型のボートでやって来た。役人は明らかに我々の到着を極度に恐れ、ここから直ちに立ち去るよう、切に懇願した。その理由は、我々がこの海岸に到着したことを遅滞なく松前に報告しなければならないが、松前がそれを知ることになれば、間違いなく大艦隊を差し向けるだろうし、そうなれば我々は完全に無慈悲を被ることになると役人は言った。かれはこの脅迫をより印象付けるために、幾度となく「ブン、ブン」という言葉を繰り返し、同時に頬を膨らませた。それによって役人は、松前の艦隊が我々に厳しく対応することを理解させようとしたのである。彼が我々を脅かそうとする言葉やパントマイムは、実に滑稽で、我々は笑いを抑えきれなかった。しかし私は全力で彼をなだめる努力をし、深い霧が晴れ次第、確実に出発することを確約した。私が真剣な態度でこの約束を繰り返したことによって役人は安心した様子になり、また新たな会話ができるようになった。自ら日本語で理解できるよう努力していたレザノフ大使のおかげで、それは大変うまくいった。

私の最初の質問は、この地方の地理に関してであった。樺太という言葉は恐らくこの地方でも知られているはずではないか、なぜなら日本の地図にはその地名があるからと。そして役人はオホーツクもカムチャツカも、その位置を非常に正確に知っていたので、その知識には信用できると思った。しかし彼がこれらの場所を知ったのは､何か勉強したからではなく､むしろ記憶からであることが分かった。彼が個人的にも知り合いになったラクスマンがこの情報を彼に与えたのである。しかし役人は蝦夷の北部に長い間住んでいるわけだから、おおよその地理的位置について知らないはずはなかった。そして恐らく、専制君主の政府から遠く離れたこの地では、長崎におけるように、知っていることを我々に教えることをそれほど恐れていないのかもしれない。したがって役人は、我々に対して樺太島の存在を確認したのだ。霧が晴れ出すとすぐに、はっきりと樺太島を見ることができ、蝦夷島から海峡〔宗谷海峡〕で分けられ、役人の推定によるとおよそ十八マイルの幅であることが分かった。さらに彼は樺太の北には別の陸地があり、これも狭い海峡で分かれているとも言った。この最後のことについては、彼は見聞きしたことから知っているだけだった。なぜなら現地人が Sandan 山丹と呼ぶ樺太の北部について日本人は誰も知らないからである。

役人は樺太が蝦夷島のおよそ半分の大きさであると信じており、その南の部分は日本人に十分知られており、日本政府は自分たちの領土であると見做している。警備役として役人を置き、実際にそうしているのである。彼はそれをさらに証明するために、私が持っていた日本地図に、彼らの施設がある港を指し示した。そしてつい前日も一隻の船がそこに向け、出帆したと言った。彼はまた、Kunaschir 国後、Ischicotan 色丹、Sturup 択捉、および Urup 得撫の名前を、蝦夷の北東にある四つの島として挙げ、日本帝国の一部であると言った。これは、シュパンベルグの時代から知られた島々と同じ名前に近いものであり、これまで外国の地図にはいずれも受け入れられていない。

＊国後、色丹、択捉の諸島は一七九二年にラクスマンの遠征以来、その存在が十分に確認され、またフヴォストフ、およびダヴィドフ両少尉の一八〇六年と一八〇七年の遠征でも確認されており、これらに関しては疑問の余地はない。

彼はまた、蝦夷島のいくつかの岬や川の名前を教えてくれ、私は我々の地図の中に書き入れた。これらの名前のほとんどは、日本地図に示されたものとよく似ており、これは彼の情報が信頼できるものであることの十分な証拠であると思われた。彼が現在住んでいる地方は、ノッァムブ野寒布であると彼は言った。しかし私は、彼がこの名前を蝦夷の北部全体を意味しているのか、あるいは北端の岬だけなのか、確認できなかった。だが、私は前者ではないかと思う。彼はさらに南の地方を宗谷と呼んだ。高い山(ラングル峰)のある島は、利尻の名前を、その北の島を礼文と呼んだ。蝦夷、奥蝦夷、松前の名前については、次のような情報を得た。クリール人、そして毛深いクリール人という名前で知られているこれらの島々の原住民は、アイヌと呼ばれている。現在では松前、すなわち野寒布から厚岸までの非常に小さい地域にのみ住んでいる。アイヌはこの地域だけを蝦夷と呼んでいる。しかし日本人は、島全体に松前という名前を与えている。おそらく日本人がここを開拓する前までは、島全体にアイヌが住んでおり、アイヌが蝦夷と呼んだと思われる。しかし日本人の領地の割合が増えるにつれ、元々の名前が松前に取って代わられ、日本人はこの強奪した領地の主要な居留地と定めたのが松前であろう。なぜならば、その名前は日本人がアイヌを制限した、その狭い地域にのみ保たれているからだ。そしてまた、日本人がこの島からアイヌを完全に駆逐してしまえば、蝦夷の名前は直ちに消えてしまうことは十分ありうることである。長崎で私はすでに蝦夷と松前は同じ地方であることを知らされていた。Oku-Jesso 奥蝦夷、または great Jesso 大蝦夷の名前は、アイヌに相応しい名前である。そしてアイヌはサハリンの大きな島をこの名前で呼ぶが、例の日本人役人は、それを南千島と理解しているとはっきり言い、その説は、どこかで読んだ記憶がある。

この地でも、またアニワ湾においても、ラペルーズがサハリンの西海岸において、サハリン島や蝦夷島について聞いた、チカ、およびチョカという呼び方に関して尋ねたが、無駄であった。おそらくサハリン西部の住民は自分たちの島をチョカ、南部のほうを樺太と呼び、そしてサハリン北部を山丹と呼んでいるのだろう。地理学者は日本の北にあるこれらの二つの島の名前について一致させなければならないだろう。なぜならいくつかの名前が同等の正当性をもって与えられているからである。例えば、最南端の島に対しては蝦夷または松前、そしてチカ、さらに最北の島にはサハリン、チョカ、サンダン山丹、樺太、奥蝦夷という名前である。私が思うには、サハリンと蝦夷の名前が他の名前よりも優先されるに値するもので、最も古く、地理学者に一番知られているからである。そして蝦夷に関しては、これが元来の名前であることは完全に明白であり、日本人が松前という名前を持ち込んだのは、アイヌを抑圧しようとしただけのことである。

日本人の規律は、この領土の最果ての地においてさえも、完全に力を発揮している。例の役人は、レザノフ大使が提供しようとした細やかなプレゼントをどうしても受け取ろうとせず、彼らの大好きな飲み物である一杯の酒をも拒否したのだ。彼のこの地での居住の目的は、日本の商人とアイヌとの間の交易を監視することで、その交易の規模は取るに足らないもののようだ。アイヌが提供する物は、乾燥魚、キツネやオオカミなどの粗野な皮類などで、煙管やタバコ、漆塗りの木製器具、米などと交換するのだが、私が信ずるところでは、米はほとんど利用しないようだ。そのかわりカムチャツカ人のように、魚を主食としている。日本商人は夏の間だけここに滞在し、役人が言うには、冬は家族の住む松前で過ごすことが許されている。これは、その通りだと思う。なぜなら彼の住む家はアイヌのものよりもさほど良い家とは言えず、家の中には日本の家屋の清潔さや安らぎとなるものは見当たらないのである。

役人はラクスマンについて大いに語り、個人的にも知り合いになり、高く評価していた。また彼から学んだロシア語の数語を口にした。茶を一杯飲んだ後、茶碗を逆さまにして置いたが、これは、ロシアで、それ以上は飲まないという意味だ。我々の誰もが、この仕草に気が付かなかったため、彼はすぐに我々の注意を促し、これはロシアの習慣であると言った。知っているわずかなロシア語を使って、我々が本当にロシアから来たのかを試し始めた。彼はしばらくの間、それを疑っていた様子だったが、我々がその試験を完全に合格したのが分かったのである。彼は我々をイギリス人か、あるいはスウェーデン人ではないかと思っていた。我々がロシア人ではないのではないかと疑問をいだかせたのは、あきらかに、ラクスマンと同僚たちがしていた髪の流行型であった弁髪を、我々の誰一人もしていなかったからだ。このことは日本人にとって実に印象的であったに違いない。日本では、おそらく過去数千年の間、髪の毛は毎日毎日、同じ体裁で丸められているのだろう。したがって我々の間で過去十二年の間に突然このように変化したことが、彼を仰天させたに違いない。

彼はまた、あるロシア船が長崎に到着し、かつてカムチャツカ沿岸に漂泊した五人の日本人を連れ帰ったことを話し、その行為の功績を完全に賢明なことと感じ入っている様子だった。これはロシア人が日本人に対して行った二度目の寛大な措置であり、そしてその日本人を長崎に運んできたのはまさに我々の船であることを聞いて、びっくりしてしまった。それは、我々が長崎を去ってわずか三週間前のことであると聞いて、ますます驚いていた。この一片の情報は、彼をいささか不安にさせたようだった。彼は最終的に我々ができるだけ早く立ち去るべく、極めて真剣に要請し、我々の場を辞していった。また、我々の投錨地の危険性について説明し、春と秋には恐ろしい台風が吹き荒れると述べた。同様に、根拠のない理由をいくつか挙げ、特に、松前から我々を全滅させるbombons「ボンボン」がやってくるだろうと、繰り返し言った。私はこれ以上長くここに留まるつもりはなく、この季節に長居してもまったく利益が得られず、我が博物学者たちにはほとんど指示することはなかった。役人に対しては、明日、向こう岸が見えるほどに天気が良くなれば、間違いなく出ていくことを約束した。そして、我々は互いに最善の友として、別れを告げた。

その日は一日中、頻繁に来訪者があった。日本商人とアイヌの人たちであったが、彼らは乾燥ニシンを持ってきて、古い布地やボタンと交換しようとした。彼らにとってボタンは特別に貴重品であるに違いなく、ニシンはまったく価値がない。なぜなら、かつて見たなかで最良の乾燥ニシンの五十から百匹を、古い真鍮ボタンと交換したのだ。日本商人たちは、煙管、漆塗りの食器、特に猥褻な絵の入った本と交換していた。これらの書物は日本人の主な読み物、あるいは唯一の読み物かもしれない。彼らはこれらの書物を売るために、わざわざ松前から運んできたわけではないだろう。

蝦夷の北端にあるロマンツォフ湾〔宗谷湾〕は、蝦夷島の北端から西にかけての宗谷の二つの岬によって形成され、二つの岬は、北西微北½東、および北西微西½西に位置し、互いに十四マイル離れている。湾の南側には入り江〔稚内港〕があり、まさに湾そのもので、南西側がロマンツォフ岬〔野寒布岬〕、もう一つの岬〔宗谷岬〕は北東に四マイル半離れた北東端にある。この小さな入り江の入口にナジェージダ号は錨を降ろし、水深十尋半、厚い粘土ときれいな砂が混じった良質の海底であったが、錨を上げる際には、やや面倒であった。投錨地の水深は南南西の方向に、十尋半から七尋へと浅くなり、海岸からおよそ二マイルであった。およそ一マイル近い所では四尋半、そして陸からようやく二十尋の距離では、八ないし十フィートの水深で、海底はいずれも同様であった。ここでの滞在の時間はあまりに短く、潮の干満に関しては何も測定することはできなかった。しかし海岸の様子から して、満ち潮はかなりのものになるだろうと確信した。停泊中は常に霧の深い天気で、コンパスの偏差についてはまったく観測できなかった。しかし到着した時の観測とラペルーズ海峡に出発した直後の観測では、ここでの偏差はゼロと推定される。投錨地は北緯四十五度二十四分四十五秒、西経二百十八度二十分零秒。ロマンツォフ岬は北緯四十五度二十五分五十秒、西経二百十八度二十五分三十秒。宗谷岬は北緯四十五度三十一分十五秒、西経二百十八度九分零秒である。

五月十三日朝六時ごろ、霧が途切れ、サハリンの対岸が見えた。日本人の言う樺太である。風は依然として北東から強く吹いていたが、私は帆を上げて北北西に針路をとった。間もなくラングル峰が見えたが、その名前について私は、あきらめることなく、本当の名前の Rio-schery 利尻を維持する。

＊ ブロートンはこれを Peaked Island 峰の島と呼んでいる。しかしその正しい名前は Timoschee ティモシェであり、その北にある島をテエシェであると語っており、その呼び名は彼の船に最初に乗ってきた現地人の報告によるものである。ロマンツォフ湾で我々を訪ねてきた日本人役人、また二つの島の名前について質問した何人かのアイヌも一致して、利尻および礼文と呼んでいる。フヴォストフおよびダヴィドフの両中尉[28]は Rio-schery と Refun-schery の名前を知ることになり、日本の地図の中では、利尻、礼文と呼ばれている。これらは発音の仕方によるわずかな違いである。私は Rio-chery と Refun-schery を選びたいが、フヴォストフとダヴィドフは、これらの島に上陸している。

ラペルーズはこのピークの高さから、また背後の陸地の近さから、これが蝦夷島に属しているものと結論付けたに違いない。もし、我々がこの島と蝦夷島との間を帆走しなかったならば、近い距離から判断して、容易に同じ過ちを犯したかもしれない。

＊ ブロートンの航海からの次の例は、誰もがいかに簡単に間違えることになるかを証明している。ブロートンはラングル峰〔利尻島〕の西側を航行し、したがって北緯四十五度零分と四十五度十五分との間の蝦夷の海岸の狭い部分を見なかった。そこから彼は、蝦夷の北部は一つの島であると結論付けたのである。日本の地図（恐らく我々が持っていた地図と同じだが）にはチカ、または樺太が蝦夷島の北に描かれており、ブロートン船長の見解を確認している。そして、もし我々がこの海岸の部分に沿って二ないし三マイルの距離で帆走しなかったならば、この説は疑いなく事実として採用されたであろう。

ラングル峰は北緯四十五度十一分零秒、西経二百十八度四十七分四十五秒に位置する。この位置決定は繰り返して行った天文観測だけでなく、島を見た何日間に行った多くの測量による方位、距離によるものである。ラペルーズの地図では、それが北緯四十五度二十三分、グリニッチ西経二百十七度五十分にある。この航海記の編集者が指摘した覚書では、北緯四十五度十五分と述べており、これらは両方とも不正確である。なぜならば、ラペルーズの航海日誌の羅針方位に従い、ダジュレの改正経度と比較すれば、ラングル峰は北緯四十五度十分四十八秒、西経二百十八度三十八分十秒にならなければならない。これらは我々の観測からは、緯度において十二秒、経度において九分半の違いがある。La Connaissance des tems の書の中では、別の緯度と経度が示されており、すなわち北緯四十五度二十分、パリ東経百三十九度四十二分、グリニッチ西経二百十七度五十八分である。

＊ ブロートンの地図の中には、この島は北緯四十四度五十分、西経二百十八度五十七分に位置する。だが航海日誌には緯度も経度も示されていない。ブロートンによる蝦夷の北西端の緯度は我々の測定と一致しており、地図を作成するときに何らかの誤りが起こったに違いない。このことはブロートンの航海日誌で確認されている。それには「一七九七年九月七日昼、我々の位置は四十五度四十四分三十四秒であり、ラングル峰は南東三十六マイルに位置する」とある。これはラングル峰が地図に描かれた北緯四十四度五十分ではなく、北緯四十九度九分零秒となることを示している。ブロートンの航海記の原書、四つ折り版二百九十頁および三百八十七頁を見よ。

ラペルーズとブロートンの両航海記の中の、ラングル峰の不正確な位置は、航海日誌における主な場所について、正しい緯度と経度を直ちに書き入れる必要があることを示している。なぜならば、第三の航海者は、観測、羅針方位、推定距離から同じ計算をしなければならない時、間違いなく同じ過ちをすることになるからだ。その上さらに、もし羅針方位が正確に記されなければ、あるいはまたコピーや印刷する際になんらかの誤りが発生すれば、一般的に不愉快な、そして有難くない仕事が起こりかねず、そうした誤りの事故は、ほとんど回避することができない。私自身これを何度も経験しており、私はどの地点の緯度や経度も直ちに記録することにしている。それは、ヴァンクーヴァーが採用した構想である。彼のこの構想に従うことは、あらゆる航海者の義務であるべきだ。彼は明瞭さと正確さにおいて、最も賞賛すべき模範であり、偉大な先輩であるクックやキングに匹敵する。その航海日誌に記述された位置は、常に正しいものと見なされ、たとえ地図からは少し違いがあっても、それは滅多にないことであった。そして違いがある箇所についてもそれはわずかなものであり、私の地図はすべて私自身の監修のもとに作成し、航海日誌と手書きのメモを繰り返し比較したのだ。

午前七時ごろ礼文島の北東端がほぼ西の方向に、およそ二十ないし二十五マイル、南端が北西七十度の角度に位置する。五月十一日に霧の中で見たこの島は、かなり大きな規模の島である。島の中央はそれなりの高さがあり、両側に徐々にゆるい傾斜で下っている。この島は、利尻島の北西微北に位置する。ラペルーズは礼文島を見たはずである。ただ、おそらくかなり遠く離れていたために、それは多分、彼がギベール岬と呼んだのと同じ所だろう。私はその名前をこの島の北東端として残した。我々の観測によると、島は北緯四十五度二十七分四十五秒、西経二百十八度五十六分零秒に位置する。

＊ ブロートンは我々よりもなお近くこの島に接近したが、北東から南西の方向におよそ十二マイルの長さに横たわると言っている。ここでも利尻と同様、家が建っているのを見ている。

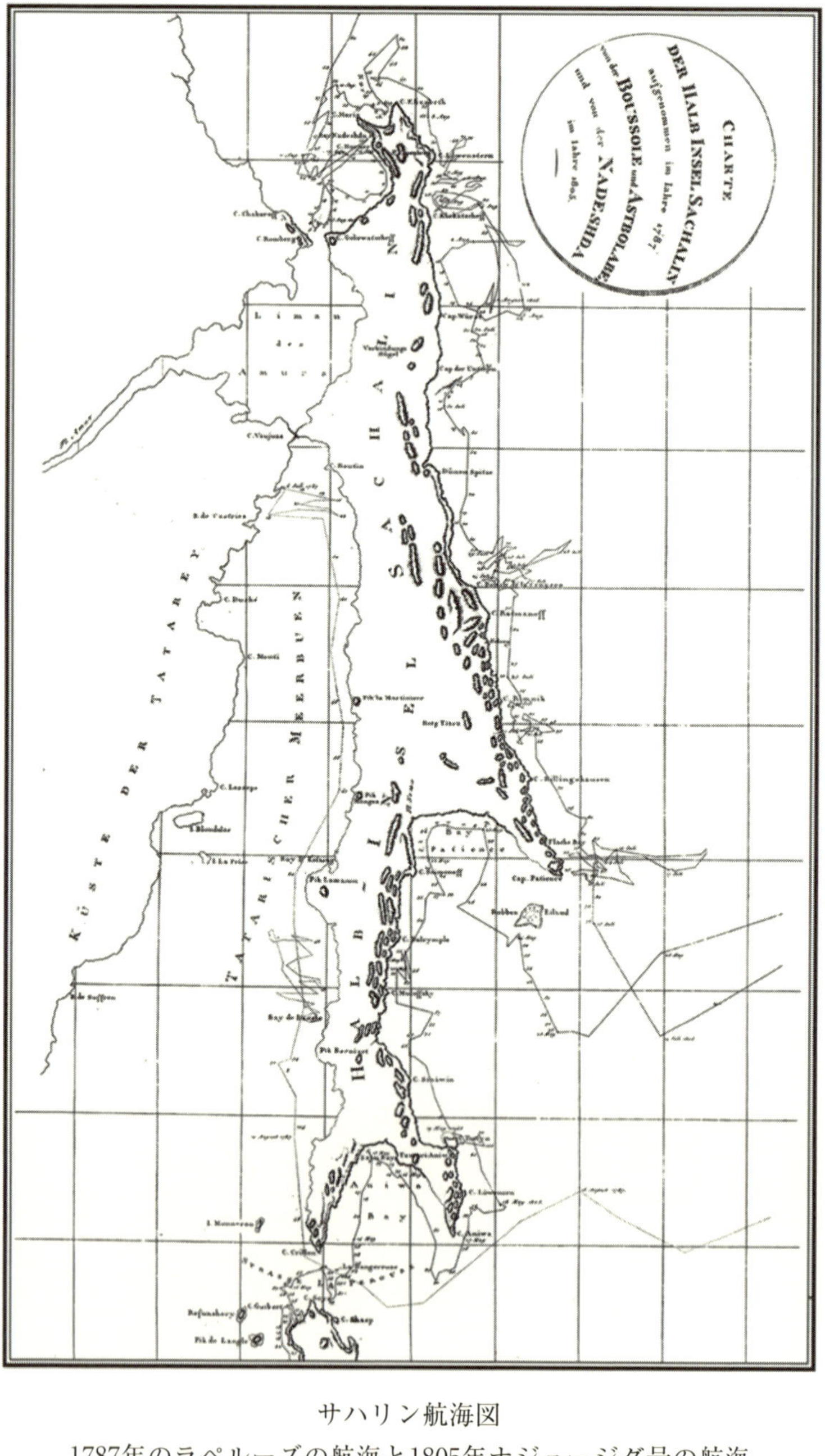

サハリン航海図

1787年のラペルーズの航海と1805年ナジェージダ号の航海

風向が北東および東南東と変わるなかで、ラペルーズ海峡を横断し、投錨地から水深は五十尋へと深くなり、その後再び二十八尋へと浅くなった。蝦夷島の海岸周辺では海底はきれいな砂地であったが、一方サハリン周辺では、珊瑚や小石であった。三時半過ぎ、サハリンの南西端に小さな丸い岩があるのが見えた。ラペルーズはそれを指摘していないが、陸地から近い距離にある。五時ごろ、北西の方向にラペルーズがモンネロンと呼んだ島が見え、北東には La Dangereuse ラ・ダンジェルウス〔危険な岩礁〕と彼が呼んだ岩礁が見えた。非常に的確な名前であり、ほとんど水面と同じで、見分け難い。また彼が指摘したクリロン岬〔西能登呂岬〕の最先端に小さな岩があるのが見えた。六時に風が非常に穏やかになり、南に針路を向けた。夜を通して風は穏やかで、南西から軽い空気が漂ってきた。水深は二十八から三十五尋、海底は岩が多く、珊瑚と小石であった。潮流が艦を東にむけて押しやった。

夜明けに、南と東の方向に蝦夷島の海岸の続きがはっきりと見えた。そこからの距離は最大でも八ないし九マイルである。宗谷岬から海岸線は東の方向に向かい、かなり広い湾に至り、それから急に南に向かっている。一つの岬が見え、近くには雪を被った高い山々があり〔宗谷丘陵〕その中にはかなりの高さの峰もあり、蝦夷島の北東海岸地方の境界をなすものである。北緯四十五度二十一分、西経二百十七度四十八分に位置する。その測定結果を答えることはできないが、距離が遠いのと曇天のために、山稜の輪郭をはっきりと見ることはできなかった。私はこの岬について、今ではほとんど忘れ去れようとしているフリース船長の同僚の名前を記憶するために、cape Shaep スハープ岬と命名した。

私は現在、アニワ湾に向けて針路をとっている。アニワ湾はすでに訪れた所だが、オランダ人によってつけられたペエシェンス湾〔忍耐湾〕の名前をも持っている。私は、サハリンの調査を徹底的に行うために、クリロン岬から始め、アニワ岬を最終地点として調査をしたかったが、これらの岬はラペルーズによって天文観測の位置が確定されている。十七世紀におけるオランダの航海者の技術はあまり高いものではなく、また、ラペルーズはフリース船長に対して確かに最も功績をたたえる賛辞を与えているが、私はこれら二つの大きな湾を正確に調査したことは地理学にとって決定的な仕事をしたことと受け止めている。そしてそれらの境界線を、我々からは期待できそうもない正確さをもって決定している。しかし間もなく読者は、フリース船長がこの両方の湾に関して、調査するのに最高の条件で時間をかけていたにもかかわらず、ほとんど信じられないような誤りを犯していることを知ることになるだろう。

朝九時にラ・ダンジェルウスの岩礁が西に位置し、我々はその傍を二マイル半の距離をとって帆走した。水深は二十五尋、小石の混ざった岩の多い海底であった。岩の上には沢山の数のセイウチが横たわり、恐ろしい叫び声を発しており、艦上にもはっきりと聞こえてくるほどだった。観測によると、岩礁は北緯四十五度四十七分十五秒、西経二百十七度五十一分十五秒、クリロン岬から南東四十八度の方向へ十マイルであった。それはラペルーズが測定した位置とほとんど違いがなかった。十時十八分、クリロン岬が西に、そして夜明けに見たアニワ岬が北東七十九度の角度に見え、十一時三十八分には、東の位置にあった。我々の位置は正午に北緯四十六度三分三十八秒にあり、天気は快晴で水平線がはっきり見え、この位置には十秒の誤差さえあり得なかった。アニワ岬の位置については、湾を離れる時がきて、同じように正確に観測できる機会があれば、詳細に書くこととしよう。クリロン岬は観測によれば北緯四十五度五十四分十五秒、西経二百十八度二分四秒である。ラペルーズの航海記とその地図には、北緯四十五度五十七分零秒、パリ東経百四十度三十四分零秒となっている。しかし、ダジュレのクロノメーター No.19 の訂正表に従えば、ラングル峰と対馬の場合についてすでに述べたように、訂正された緯度と、地図に書かれた一七八七年八月十一日の緯度との差は、四十六分二十一秒である。これに従えばクリロン岬の経度はパリ東経百四十度三十四分零秒－四十六分二十一秒＝パリ東経百三十九度四十八分三十九秒またはグリニッチ西経二百十七度五十一分二十一秒となり、我々が発見したよりおよそ十秒半東になる。ラングル峰の場合とほぼ同じである。

＊ クロノメーター No.19 の正誤表によれば、一七八七年八月十一日の正しい経度は東経百三十九度三十八分三十九秒。地図によれば十一日の正午の地点は百四十度二十四分。その差は四十五分二十一秒となる。

アニワ湾の西側の陸地は全体として非常に山が多く、現在も所々雪を被っている。海岸の方向にやや飛び出た平らな山は、北北東に傾き、非常に高いことから唯一目立っており、完全に雪に覆われている。海岸線は全体が険しい岩場が並び、所々に入口のようなものがあるが、湾という名には値しない。水深は我々が辿った沿岸から七ないし八マイルの距離で、二十五から三十五尋で、海底は岩が多かった。アニワ湾の東側の陸地は全体が見えたが、遠く離れていたためにはっきりとは分からなかった。陸地はアニワ岬から最初、北の方向に走り、それから岬からやや西へと傾く。さらに西へと飛び出し、ここから湾の最終地点まで南北に続く。この陸地の飛び出た地点は、多分オランダ人が Tamary-Aniwa タマリ・アニワ〔大泊〕と名付けたものと同じである。私はその名前を、Salm Bay あるいは、Lachsforellen (Salmontrout bay)〔千歳湾〕という地名とともに保持した。タマリ・アニワは南東の地点である。午前中に見た日本人の船が一隻、我々の眼前を帆走していった。そして我々がそれをほぼ詳しく調べると、湾の東側に向けて行き先を変えていった。後に分かったことだが、そこには日本人が Salm bay の施設よりも大きな開拓施設をもっているのである。

四時に北の方向にピークが見え、それはラペルーズが指摘したPik Bernizet ベルニゼ峰だろうと思った。六時にはすでに湾の終点を見ることになり、水深は三十六尋から七尋半へと浅くなっていき、海底は主に柔らかい緑色の泥であった。八時ごろ、この水深のところで、我々は小さな村を目の前にして錨を降ろした。そこには、一本マストの日本船がいた。この時ベルニゼ峰は北東五度、タマリ・アニワは南西八十度、我々は陸地からおよそ二マイルのところであった。

＊　後にこれは日本人の開拓地であることが分かった。

翌朝十時、私はレザノフ大使とともに、日本人の船のところに行ったみた。そこでは大変快く歓迎され、酒、ご飯、タバコなどを振舞われた。日本人たちは、我々の目にとまった何かの小物を提供して布地と交換したい様子だったが、役人を非常に怖がっていた。彼らの話では役人は海岸に一人おり、もしこのことを聞いたならば、間違いなく首を刎ねられることになると話した。船の主は、大坂から米と塩の積荷をもってきたこと、ここで毛皮を手に入れ、その何種類かを見せてくれたが、特に魚を入手することを教えてくれた。実際、彼の船全体に乾燥魚が満載され、魚を並べて保管し、また樽に詰め、後にその上に塩をまき散らすのである。

私は彼から、この場所が樺太とどのような関わりがあるのか、非常に聞きたかったので、彼に対する最初の質問はこの点についてであった。彼が私に話したことは、この島は非常に大きな島で、日本人は樺太と呼んでいるが、この地方の現地人は、彼が言うには、アイヌであり、山丹人であり、樺太と山丹は一つの同じ地方であるという。また、彼は島の北端までのことは知らないが、そこは大陸から非常に狭い海峡で分けられており、喫水が最大で八フィートか九フィートしかない彼の船でも通過できないと聞いたことがある、と語った。彼はこのことによってタタール海峡を意味したに違いなく、ラペルーズは、そこは航行不可能と推測していた。そして我々は後に確認したのだが、海峡はかつて存在したが、現在はなく、日本においてこのような説が生じたものであろうと考えたのである。

ここに述べた役人は、蝦夷島の北端と同様、日本政府から雇われ、日本人とアイヌとの間の交易を監督するだけの目的で配備されている。これは確かに学ぶべき価値のある風習といえよう。なぜなら商人たちが完全に放任されることになれば、間違いなく収奪や暴力をふるうことになるからだ。しかし、日本船の主から聞いた話が信用できるならば、ここの役人の存在はそれほど優雅な目的のためではない。この男は、一八〇四年十月、クリール諸島の島であるポロモシル幌筵島に難破して打ち上げられたことがあり、そして今年の六月我々が帰る時にカムチャツカで会ったのだが、私には非常に分別のある男のように見えた。この交易の仕事に自発的に入ったこともあり、交易について精通していたからである。また前年には同様の航海の途中で、暴風雨によって北東に流され、クリール諸島に漂着したこともある。彼の話によると、樺太との交易は日本北部の住民にとって極めて重要であり、そこから運ぶ魚は必需の商品で、以前は自由な交易であった。しかしこの数年、政府が完全に自分たちのものにし、独占化したのである。日本の規律に従えば、臣民は政府の強圧的で不正な手段に対して非難することはできないにもかかわらず、この商船の主は、この強奪的独占は日本北部の住民に大きな不満を引き起こしていると、私にはっきり言った。政府は、自分たちの必需品である魚を非常に高い値段で売り、その結果、販売に雇われた人間が同様に利益を上げているのだろうと。我々はすでに、樺太における開拓はかなり最近のことであろうと想像していたが、日本役人の住居も倉庫も完全に新しいもので、なかには建築途上のものもあったのである。

この地においては、ロマンツォフ湾〔宗谷湾〕の時のようなアイヌの訪問を受けることはなかった。鮭が大量に獲れることからオランダ人がSalmontrout (Lachsforellen) bay「鮭の湾」と呼んだ記録から、数日分の量が手に入るだろうと期待したが、完全に裏切られた。夜明けにラトマノフ中尉はラングスドルフ博士と一緒に、湾の東側の調査のためにTamary-Aniwaの方向に出かけた。この辺りは特に、日本人の船が帆走しているのを見たことがあり、我々自身も午後に、日本人の工場を訪問しようと陸に上がった。波が激しく、我々のボートでは陸に上がるのは不可能だった。そのため陸に運んでもらわなければならず、アイヌの小舟で一度に二人ずつ波の中を運んでもらったが、アイヌはそのために非常に快く小舟を出してくれた。波のために濡れる危険があった。海岸近くの陸地は粘土の湿地の上に茂った葦や雑草に覆われ、小さな川の近くでは、河口が七ないし八尋の幅であったが、少なくとも足の深さまである腐った葉が大きく積み重なった状態で、ここでも春の気配はなかった。

川〔鈴谷川〕の両側には日本人の開拓施設があり、住家の傍に、八戸から九戸の倉庫が建てられ、ほとんどが新しく、すべて魚、塩、米が満杯であった。日本人役人は我々の訪問に完全に怖気づいてしまった様子で、レザノフ大使がわずかな質問をしたのに対して、答えるのに震えるばかりであった。およそ二十人の日本人、その周囲に五十人近いアイヌが集められ、襲われるのではないかと心配そうな様子であった。しかしそのうちに我々の親しみのある態度が分かり、その人の群れは直ちに散っていった。

河口には十隻の平底船が置かれており、倉庫の中の貯蔵品の量から判断すると、この施設の交易には少なくとも毎年十ないし十二隻分の船が必要で、船の大きさは日本人が通常の沿岸交易に使用する百トンから百二十トンだろう。タマリ・アニワでは、ラトマノフ中尉が別の施設を発見し、彼の説明によると、さらに大きな設備であるに違いなく、恐らく、アニワ湾における主要な日本人の商業施設だろう。そこには百戸以上のアイヌの家があり、三百人以上の人々が忙しく魚を洗ったり、乾かしたりしている。大きな船の傍に五隻の小さな帆船が走り、港には夥しい数の運搬用ボートが走る。舟は小さいが、「鮭の湾」の停泊には安全である。日本人の家や倉庫は美しい谷の中に建てられ、それらの間を清流が流れている。ここに配備された役人は、刀を一本だけ差した役人よりも地位が高く、両刀を帯びており、これは日本の軍人の特権である。彼らは我が将校たちを極めて丁重な態度で応対し、最高の米、魚、酒をもって饗応し、我々の訪問を恐れることなく、迷惑がることもなかった。

「鮭の湾」近くでは、アイヌの家はわずかにしか見当たらなかった。彼らの家は、樹皮で作られ、兵隊のテントのような形で、先がとがっており、両側が日本の筵で完全に覆う状態で、女たちはそこに隠されている。こうしたみすぼらしい小屋は、一時的な目的のためだけであり、なぜならこれほど厳しい気候のなかでは住むのは不可能で、冬の住家をもっているはずである。そうした住家は内陸の奥にあると思われ、その方向には幾つかの踏み跡があった。おそらく彼らは、夏の間漁労のために湾の近くにこうした小屋を立て、終われば立ち去るのだろう。

我々の投錨地は、北緯四十六度四十一分十五秒、西経二百十七度二十八分零秒であった。小さな川の河口にある日本人の工場は、北緯四十九度、二マイル半、したがって河口の位置は北緯四十六度四十三分零秒に位置する。カストリコム号の発見地図では、川の河口は北緯四十七度三十五分となっており、緯度に関して五十二分ほどの誤りがなぜ起きたのか、ほとんど理解できそうもない。タマリ・アニワに関する緯度は、我々の観測では北緯四十六度三十六分二十秒、西経二百十七度八分二十五秒で、その誤差は三十二分である。オランダ人の地図にはまた、水深の測量値が非常に不正確に書かれており、実際には四尋から徐々に浅くなり、海底はどこもきれいな砂が混じった強固な粘土である。

また、十二尋から四尋までの水深では、粘土は柔らかく、ほとんど緑色である。アニワ岬に近い入り口では、海底はどこも小石の混じった岩が多く、湾の東西の側の水深は同様だった。アニワ湾の向きは、南北に近い。「鮭の湾」はしたがってアニワ湾の最奥にある。完全に南側に開けており、特定の地方及び特定の期間に吹く卓越風があると言われ、水路は決して安全とはいえない。それ以上に、大きな波が上陸の妨げになっている。しかし潮が上昇しているときは、まったく危険はないと思われる。なぜなら日本人の平底舟はいつでもそこを通過しているからである。我々はここに四十八時間停泊し、夜には陸地から微風が吹き、海岸は非常に近づき易かった。しかし朝七時ごろ風は再び南風となり、一日中非常に強く吹いた。満潮と干潮の時間を調べるのは不可能だった。しかし、新月と満月の四時半ごろになると思われる。

サハリン南部のアニワ湾の風景

サハリンのタタール人の容貌

タマリ・アニワ〔大泊〕の港はラトマノフ中尉が調査したが、南風に対しては多少防御される状態にあるが、かなり大きなサイズの船にとっては小さすぎ、恐らくアニワ岬に近い所が港としてより良い所が見つかるだろう。湾の東側の全体を調査することが私の意図であったが、港から出帆していく際は、強い風と深い霧が災いして、調べることができなかった。しかしもし安全な港が見つかることになれば、この湾はヨーロッパ諸国の活動にとっての開拓地として極めて良い場所になると考えられ、ヨーロッパ商品の絶好の貯蔵場所になるだろう。なぜなら、ここを拠点に日本、朝鮮、中国と貿易を開くことは、まったく簡単だからである。これらの国々は、ヨーロッパの商品と交換するために、自らここにやってくることになるだろう。特にこの国の生産物、魚、毛皮に関しては、現在は彼らの必需品であるが、ここでは大量にある。カムチャツカでさえも、ここからヨーロッパ商品が容易に供給されるだろう。ただし現金のみである。カムチャツカは、わずかにクロテンの毛皮の他には、市場に出せる生産物は何もないからである。

大量のクジラは、おそらく他にこれほど多く見られるところはないと思われ、小さな「鮭の湾」でさえクジラが沢山おり、海岸に向かうときには最大の注意が必要である。港に出入りする際に、船は完全にクジラにとり囲まれてしまうのだ。ペエシェンス湾では、もっと多くの数のクジラを見た。おそらく日本人はここで捕鯨事業に着手していないようだが、もし始めれば、彼らにとって非常に収益のある交易部門になるだろう。特に、十分あり得るが、Cachelot マッコウクジラがここに生息していれば、その鯨蝋や龍涎香は、非常に貴重品であり、これらの商品は日本で大いに売れるだろう。鯨蝋は日本で灯り用として大量に消費され、龍涎香はあらゆる日本人が携行する小さな薬嚢の中に入っている重要品である。それはトルコ人が使用するように、あるいは肉欲においてはトルコ人以上かもしれないが、かれらは龍涎香を性欲の刺激剤として利用するのである。

＊　ケンペルは龍涎香に関する論文のなかで、高名な日本人医者からもらったその処方箋について書いている。ケンペル「日本誌」Kämpfer. History of Japan. Vol. 2, p.471 を参照。

「鮭の湾」の背後に大きな谷間があり、川が蛇行している。上述したように川岸に日本人の工場が建てられている。この谷間は、開墾するのが容易だっただろう。湾の両岸の樹林には、素晴らしい松の木が混じっており、建材用として見事な材木を供給している。それは日本人の家を見れば、確かに分かることである。この木材は同様に造船用にも利用されているに違いなく、日本人の平底舟は、明らかにこの場所で建造されている。海岸は、蟹や牡蠣で溢れている。これまでのところ狩猟は妨害されることはなかった。なぜなら、アイヌも、また彼らの主人である日本人も猟銃を一本も持っていないようだった。もし持っていれば、彼らは間違いなく、銃をもって我々に敬意を表したはずであり、実際には槍を使っているのである。

魚に関しては、いかに大量に獲れるか、繰り返す必要はほとんどない。なぜなら日本人は二つの工場で四百人にのぼるアイヌを雇っており、彼らは魚以外に食糧はない。専ら日本に輸出するために、魚を洗浄し、乾燥するために雇われているのだ。魚を獲る方法も同様に、その量が豊富であることを十分に証明している。彼らはそのために漁獲網を使うのではなく、潮が引いている間に手桶にすくい上げるだけである。魚は非常に重要な商品であり、日本北部の貧しい人々にとって必需品となっている。そのために、日本政府の絶対的な命令は、魚を手に入れるために、アニワの所有者が誰であろうと、アニワまで出張させているのである。さらにアニワがヨーロッパ人が占有することになれば、恐らく強欲な日本の番所衆からよりも極めて安い価格で仕入れることができるようになるだろう。

アニワの占有に関して言えば、それはほとんど危険を冒すことなく可能だろう。なぜなら日本人は、あらゆる種類の武器も不足しているため、反抗するという考えすら起こることはないだろう。もしも他者に占領されることになっても、日本政府はこの場所を取り戻そうとはしないだろう。なぜならば彼らは恵まれた問題に関して計算をすることはないから、成功が望めない事業に、権力の信望にかけて、また国民に対し絶対に誤りはないとして、敢えて危険を冒すことはしないだろう。それらを失うことは、蝦夷全体だけでなく、彼らにとってさらに深刻な結果になる。しかし、もし日本政府が、あらゆる手段を使ってこの場所の領有を回復しようとしても、かりに何らかの困難をもちながら占拠することになっても、占領することにはならないだろうし、彼らはまったくその手段を持っていないのである。

武装した船や大砲もなく、もしアイヌからの反抗にあえば、一インチの土地でさえもアイヌから獲得することはできないだろう。十六門の大砲と六十人の兵士を乗せた軍艦があれば十分で、風が穏やかな時に、一万人の兵士を乗せていようとも、日本の艦隊をすべて沈めてしまうことができる。したがってアニワを占拠することはまったく危険な企てではない。その征服には、一滴の血を流すことはないだろうし、居留地の維持には同様に危険はないだろうと確信する。日本人は北部にまったく部隊を配置していないし、おそらく蝦夷島の南部にも極めてわずかと思われる。蝦夷島の大部分は未開墾で、一連の高い山脈が走っており、松前の町から北の果てまで軍隊を行進させることが極めて困難であることは容易に想像がつく。そのような企てをしようとするのは君主の意思によるだけのことであるから、この自然の障害は克服できないとは言えまい。しかし蝦夷島からアニワまで軍隊を運ぶうちに、日本人は意気消沈してしまうだろう。なぜなら彼らの最大級の艦隊であっても、最小限のヨーロッパの艦船がそれらを全滅するのに十分だからである。さらに陸上においても、十二門の大砲と、百人の砲兵隊があれば、日本がいかなる駐屯部隊を置こうとも、それを阻止することができるだろう。

武力による占領が極めて不正な考えであることは事実である。しかし、日本人のサハリンに対する権利は、ヨーロッパ諸国の権利よりも根拠があるのだろうか？　最も本質的な反論は、サハリンの真の所有者であるアイヌの同意がなく、そうした占拠がなされたということだろう。そして私は、はたして日本人はアイヌの同意を経て獲得したものなのかどうか、率直に疑問を呈したい。なぜならアイヌたちは日本人から非常に人道的に扱われていると、私には見えるからである。しかし、これは日本政府の問題であろう。アイヌの自由を保障すべき方策を採用するだろうし、支配者が代わることで、悲しみとなる原因を作らないことである。その人道性と政策がともに必要であろう。

サハリン島においてヨーロッパ人の施設ができること（多分日本との貿易に参加する唯一の方法）は、おそらく遠くないだろうから、私はごくわずかな言葉でそうした企画の可能性について述べたに過ぎない。イギリス人は東インドから、スペイン人はフィリピンから極めて容易に行うことができるだろうが、ロシア人にとってカムチャツカあるいはシベリアの北部から特に簡単なことであろう。しかし現時点ではそこには本質的な障害がある。例えば、ヨーロッパと北アジア内のロシアの領地との間に恒常的な海上交通が無いことである。しかし一番大きな障害は、人材が不足していることであり、とりわけシベリアとカムチャツカにおいては、他に類を見ないほど人が少ないことがはっきりしているのである。

＊　我々がヨーロッパに戻る途上、カジャク島に滞在中、レザノフ侍従が日本の北部領地に対して軍事的な遠征を行うことに着手したことを知った。しかし、この遠征は何ら恒久的な目的をもつものではなく、単にアニワ湾および蝦夷島の北辺の日本人施設を破壊することを意図しただけである。

蝦夷島の住民アイヌ男子・女子の肖像

アイヌの容貌

アニワ湾に関することから離れる前に、不十分になるかもしれないが、私は蝦夷島およびサハリン南部の原住民に関していくつか述べておきたい。この民族はヨーロッパ人にはほとんど知られていないが、この人々を特徴づけるいくつかの特性、および、どの住民も好意的な見解におかれることが、より広く知らされるべきであろう。

すでに述べたが、アイヌは蝦夷の原住民の正しい名前である。そしてサハリン南部の人たちもそう呼ばれている。彼らの体格、衣装、外見、言葉は同一の民族であることを証明している。カストリコム号の船長はラペルーズ海峡を見失った時、アニワにおいても厚岸においても同じ島にいるのでないかと想像したことだろう。したがって私がアイヌについて語ることは、蝦夷の原住民に関することであり、サハリン南部の住民に関することでもある。彼らはシュパンベルグの時代以来、クリール人、または毛深いクリール人と呼ばれてきた同一の民族であるに違いない。

アイヌは背丈が中くらいよりやや低く、高くても五フィートと二ないし四インチである。肌の色が暗く黒に近い色で、濃い密生したあごひげがあり、黒く荒々しい髪の毛を生やし、そのまま下に垂らしている。あごひげ以外はカムチャツカ人の容貌をしているが、表情はずっと整った顔立ちである。女性たちはあまりきれいとは言えない。肌の色は同様に黒っぽく、墨のような黒髪を梳かして顔を隠し、青く塗った唇、刺青をした手、それに加えて不潔そうな衣装は、愛らしさのある見かけとはなっていない。こうしたケースは、少なくとも蝦夷島の北部において見る機会があった。アニワ湾では実際、何人か若い人たちを見かけたが、彼らの目は輝きを失っておらず、そのことから決して醜いとは言えない。しかし、私に与えた印象は同様にあまり良いものではなかったと言えよう。しかしながら、彼らに対して公正に言わなければならないが、彼らは極めて慎み深い人たちであり、この点では、ヌクヒヴァやタヒチの女性たちとは好対照である。彼女たちはほとんど内気な性格といってよいほどで、おそらく夫の嫉妬心によるものか、両親が用心深いからだろう。彼らは我々が上陸している間、集まっている小屋から一時も離れることは決してなく、ティレジウス博士が彼らの素描を描こうとした時は極端に難儀していた。

アイヌの性格の特徴は、心の良さであり、その表情に強く表れている。彼らの行動を観察することができた限り、このような表現に完全に一致している。容貌とともに、彼らの動作は素朴で、気高さを示している。太平洋の南の島々の原住民に共通している貪欲さという点でも、完全に無縁である。ロマンツォフ湾〔宗谷湾〕では、魚を運んできて直ぐに我々に与え、見返りに何も要求することはなかった。さらに、与えたプレゼントを非常に喜んだが、こちらが身振り手振りで、彼らに与えたものであることを繰り返し言うまで、それを自分の財産と認めようとしなかったのだ。「鮭の湾」の住民のなかでは、こうした美徳を見る機会はなかった。なぜなら、彼らは艦にやってくることはなく、おそらく日本人がそうさせなかったのだろう。

アイヌが着ている物は、主に家畜である犬やアザラシの皮から作ったものである。しかし、かなり違った衣装を見たことがあり、それはカムチャツカ人の衣服パルキスに似ていた。それは正しく言えば、着物の上に被る白いシャツである。アニワ湾では、誰もが毛皮を着ていた。アザラシの皮で作ったブーツを履き、女性たちも同様にアザラシの毛皮の衣服を着ていた。逆にロマンツォフ湾では、毛皮を着ているのを見たのは二人だけで、一人は熊の皮で、もう一人は犬の皮で作ったものだった。そして他の住民は黄色の樹皮で作った粗い材料の衣服を着ており、(彼らの家の中で確かめたのだが)なかには青地の布で縁どった物を着ていた。この衣服の下に、きれいな木綿の着物を着ていたが、これは多分日本人から買ったものだろう。

ここではアニワ湾で誰もが履いていたようなブーツは見かけなかったが、その代わり日本の藁製の草履を使っていた。何人かは、上着として、同じ粗い材料で作った半長の靴下のような物で脚を覆っていた。蝦夷島のアイヌと、サハリンのアイヌとの間の衣服のこの違いは、サハリンのほうがかなり裕福であることを示しているものと思われる。またここの男たちは、より陽気な服を着ているようで、これが日本人との間に一定の市場がある魚や毛皮から得られる多い富によるものなのか、あるいは、彼らが日本人に対してあまり従属していないからなのか、あえて判断することはできない。だが私には前者、すなわち富によるものではないかと思われる。彼らのほとんどは頭に毛皮の帽子をつけていないが、なかには真ん中がとがった藁の帽子をかぶる場合がある。

この地方では髪の毛を剃る習慣がないのだろうと思ったが、頭を半分剃った人を何人か見かけた。おそらく日本人の真似をしただけだろう。女性は、若い娘でも頭に髪飾りをすることはない。だが、すでに述べたように、女たちは例外なく唇を青く塗る。これは、バラ色の唇に慣れたヨーロッパ人にとっては、非常に見苦しく感じる。その反対に男たちの多くが、耳飾りをつけているが、それらはたいてい単なる真鍮の環にすぎない。私はある青年から一対の銀の環の耳飾りを買ったが、それには大きな真珠まがいの玉がついていた。耳飾りの所有者はこうした飾り物を非常に大切にしている様子で、まったく手放したくなかった様子だった。取引したことを二度後悔し、それを取り戻して、高い値段を要求してきた。そしてようやく、古い上着を一着、木綿の布地を二枚、白いブリキ板一枚を宝物として交換することになった。ボタンと古布は、アイヌがもっとも欲しがるものであった。彼らはそれとの交換で、煙管やそのほかの小物を提供し、価値はないが、確かに蝦夷の住民の所有物であった。

* ラペルーズはラングル湾の住民の一人が同じような耳飾りをしているのを見たと述べている。

アニワ湾で見た小屋は、すでに述べたように、恐らく新しく建てられたものであり、夏だけ住むのに利用される。ロマンツォフ湾では、そうした小屋は冬も夏も常に利用しているものと見えた。我々が訪ねた二つの小屋は、近くに魚を乾燥させるバラック小屋があり、小屋は一つの大きな部屋があり、その隅に小さく仕切られた区分があり、これらが内部の全体を占めていた。小屋の造りはあまりしっかりとしたものとは言えず、カムチャツカにおけるように、小屋が完全に雪に覆われてしまうことがないにしても、いかにして寒さを凌ぐことができるのか、想像がつかなかった。ここでの冬は相当に厳しい寒さであるに違いない。五月の末になっても、寒暖計は三度を示しているだけである。部屋の中央には大きな囲炉裏があり、その周囲に八人から十人の家族全員が座る。家具は大きな寝床が一つ、その上には日本の畳が敷かれ、その他に幾つか箱や樽が置かれている。これらの家具はすべて日本製で、ほとんどが漆塗りである。家の内部の様子からすると、ここの住人はある程度富裕であり、それはカムチャツカ人には見られることはなく、ましてやアリューシャンやカジャク島の貧しい住民にはさらに見ることはない。大量の乾燥魚の食糧は、実にうんざりしそうな光景だが、かれらの生存がこれに依存していることを考えれば、それに嫌気を示すことはできないだろう。魚は多分、彼らの唯一の食糧であり、そのことを考えて彼らの家は主に海岸に沿って散在しているのである。

耕作している様子はまったく見られず、野菜を栽培していることもなかった。またニワトリや家畜も見ることはなかったが、犬だけは大量に飼っていた。そしてゴロヴァチョフ中尉は、ペーシェンス湾の西海岸のモルドヴィノフ湾では、一か所に五十匹以上の犬が飼われているのを発見した。間違いなく、彼らは犬を冬の間の移動用に使うのに違いない。我々はアニワ湾において、カムチャツカ人が使う橇ナルテにそっくりの形をした橇を見つけたからである。犬の皮もまた、ここでは重要な衣料用の材料である。驚いたことには、蝦夷の北部では、湾に流れる川の水が極めてきれいであるにもかかわらず、雪を溶かした水が住民の通常使う飲み水なのである。おそらく冬の寒さを恐れ、川から水をくみ上げなければならず、また川が家から近くなく、入手できる限り慣れた雪水を溶かす方法を好むようである。さらにまた、少なくとも私や士官たちが訪問したすべての家では、家の中に子熊を育てる習慣があるようだ。部屋の片隅に子熊のための場所が指定されており、もちろん家の中で最も落ち着きのない存在である。我が士官の一人が子熊を一頭買いたいと思い、自分の羅紗の外套と交換しようと申し出た。しかし、日本人でも提供できないほどの外套が、アイヌの目には大変な価値に映ったにもかかわらず、所有者は育てた児を手放すことは耐えがたく、説得することはできなかった。

アイヌの支配形態や宗教について立ち入ることは、あくまでも推定にならざるを得なかった。なぜなら我々のここでの滞在は、こうした問題について質問をするには、あまりにも短かすぎたからである。しかし、彼らの人口は限られており、家父長的な構造である以外には想像がつきにくい。ロマンツォフ湾にあったアイヌの家を訪ねた時、家には十人が住んでおり、仲の良い幸せな状況で、また家族は完全に平等であった。我々は数時間その家に居続けたが、家族の長を見分けることができなかった。それほど、家族の年長者が若者に対して尊大な態度をとることがほとんどなかったのである。したがって私がわずかなプレゼントを彼らに平等に分け与えようとした時に、彼らは全員喜んでいる様子だったが、誰一人、最年長者であっても、私の与えた物が、他の人と比べて少なすぎると思う人はいなかった。その反対に、私が見落としてしまった八歳ぐらいの女の子にも注意を促し、女の子は自分の分け前を手に入れたのである。この全員一致の気持ち、そして彼らのなかにある静寂さは、彼らに対する最も好ましい感情を目覚めさせるものだ。ここでは大声で話すことはなく、また過度に笑うこともなく、言い争うこともまったくない。

囲炉裏を囲んで、我々のためにマットを広げる彼らの表情には満足感が表れている。我々が立ち去ろうとする時、浅瀬を渡って我々が艦に行くために我々のボートの漕ぎ手が服を脱ごうとするのに気がつくと、彼らは機敏にカヌーを用意してくれたのである。しかしそれ以上に、何も要求しようとしない控えめな態度、提供される何事にも躊躇する態度、これらはサハリン西部の住民とは非常に異なっている。ラペルーズはこの違いについて称賛をもって語ることはなかった。これらすべて、特別な性格、それは決して特別な教育によって磨かれたものではなく、自然な性格を現しているにすぎない。こうしたことから、私はこれまで知ることになった民族のなかで、アイヌが最も素晴らしい人々であると考えさせるのである。

アイヌの人口は、特に蝦夷島においては少ないことをすでに述べた。その北部で我々が見た家の数は八戸にすぎず、それぞれに十人の家族が住んでいるとすれば、この地方での住民はわずか八十人である。陸の内部にはおそらく家はないだろう。彼らの食糧はすべて魚であり、彼らは海辺にだけ住んでいるのだ。サハリンの「鮭の湾」およびタマリ・アニワには、多分アイヌは三百人はいるだろう。しかし我々が訪れたのは、漁獲期であり、日本人は主にこの時期に魚を手に入れるのである。そのために日本人は隣接する湾に住む住民に頼らざるを得ず、大量の魚を用意するために、隣の湾の住民がこの時期、ここに居住する。日本人の工場の近くにアイヌの家が新しく建てられていることがそれを証明しているだけではない。モルドヴィノフ湾では、家具を備えた家の多くが住民がいなくなっており、ゴロヴァチョフ中尉が訪れた時には、人がわずかにしか見当たらなかった。しかも財産を守るために見張っているだけで、なおかつ自分の財産のごとく見なしている様子だった。

この島に関する非常に古い記録によると、住民は身体が毛で覆われていると言われている。多分、蝦夷の人々を最初に知った中国人が、島を原始的な人々であふれる大きな地方として描き、その身体は毛で覆われ、巨大なあごひげのために飲み物を飲むのにあごひげを持ち上げなければならないという話だ。有名な一六四三年のオランダ人フリース船長が指揮した探検、および一七三九年のシュパンベルグ指揮下のロシア人の探検でも、このような描写が確認されている。このように同一視する多くの記録が、蝦夷の原住民が毛深いという事実を証言しているようだが、私は我々の実体験からしてこれらの報告は想像上のものであると断言したい。一六二〇年にヨーロッパ人として最初に蝦夷を訪れたイエズス会士ヒエロニムス・アンゲリスは、濃いあごひげについて述べているだけで、身体が毛深いとは一言も言っていない。彼はしばらくの間アイヌの中に暮らし、オランダ人、ロシア人、中国人らの短い滞在よりも、アイヌの体質を詳しく調べる機会をより多く得たはずであり、そうした驚くような事情を知らせないはずはないだろう。蝦夷の北部で我々は何人かのアイヌを調べてみたが、あごひげが濃いのと、顔のひげ以外には、このような物語の可能性は少しも見当たらなかった。アニワ湾では何人かの胸や腕、脚をはだけて調べてみたが、アイヌのほとんどの人々は、多くのヨーロッパ人以上に身体が毛深いということはまったくないことを確信した。ゴロヴァチョフ中尉は実際、モルドヴィノフ湾で、八歳の子供の身体が完全に毛で覆われていることを発見し、すぐにその両親や他の何人かの大人について調べてみたが、すべてヨーロッパ人と変わりがないことが分かった。

私は古い航海士や現代の航海士の報告を単純に否定しようとは思わないが、彼らの信用度についても論争しようとは思わない。しかし私が信じるには、彼らはアイヌ、あるいは、同じことだが、クリール諸島南部の原住民に関するこの物語を誇張しすぎている。少なくとも、すべてのアイヌの人々について毛深いということはない。おそらく、オランダ人がアイヌの濃いあごひげ、顔のひげ、長く伸びた巻き毛、清潔さがないことが加わって受けた印象が、顔と同様身体も毛深いに違いないという考えが残ったのだろう。そしてそれが本当に事実であるかどうか試されることがなかったために、これまで事実として繰り返されてきた物語の原因になったのである。

訳注

1 **皇帝アレクサンドル一世**（Александр I. 1777–1825）パーヴェル一世の長子、在位1801–1825年。治世当初は自由主義的情熱に燃えて立憲政治を夢想し、農奴制下の農民の苦痛を軽減しようとした。対外政策ではナポレオンに敵対し、二度の対仏戦争に敗北。一八一二年のナポレオンのロシア遠征の戦争では、クトゥゾフ将軍の戦略によってモスクワを放棄し、モスクワに入ったナポレオン軍は寒さと食料不足によって撤退した。東方政策においては、露米会社を保護し、海軍士官が現役のまま露米会社に勤務することを許可するなど、国家を後ろ盾とする経営を進める方向をとった。

2 **大黒屋光太夫**（1751–1828）伊勢亀山領の商家に生まれ、三〇歳のとき白子の神昌丸の船頭となり一七八三年十二月江戸に向け出帆するが、駿河沖で台風に遭い、八か月漂流、アリューシャン列島のアムチトカ島に漂着。一七八八年イルクーツクに送られ、博物学者キリール・ラクスマンの保護を受け、帰国嘆願のためにペテルブルグに赴き、エカテリーナ女帝に拝謁、帰国許可を得る。キリールの息子アダム・ラクスマンによって一七九二年根室に帰還し、翌年、使節の第二回会見で幕府役人に引き渡され、江戸に送られる。光太夫の漂流やロシア滞在についての口述は桂川甫周によってまとめられ、「北槎聞略」「漂民御覧之記」などが著された。

3 **エカテリーナ女帝**（Екатерина II. 1729–1796）ドイツのツェルプスト公の娘で、ピョートル三世と結婚、ロシア正教に改宗してエカテリーナと改めた。啓蒙専制君主として知られ、ヴォルテール、ディドロ、ダランベールらと交流。在位三五年（1762～96）においてピョートル一世以来のロシアの近代化をほぼ完成した。一七九一年、伊勢白子の漂流民大黒屋光太夫を拝謁、保護し、翌年アダム・ラクスマンを遣わして日本へ返還するとともに、最初の遣日使節を派遣した。

4 **レザノフ**（Николай Петрович Резанов. 1764–1807）サンクトペテルブルグの士族の家庭に生まれ、十四歳で砲兵学校を卒業、近衛連隊に配属。退役後ペテルブルグ裁判所の勤務、海軍省次官秘書を務めた。エカテリーナ女帝統治期に宮廷詩人デルジャーヴィンによって官房長に抜擢される。イルクーツクで毛皮王シェリホフと知遇を得、一七九五年シェリホフの死後、露米会社を設立する。北太平洋での利益増大、食糧難打開、経営改善のために商務大臣ルミャンツェフに接近し、日本との通商交渉の必要性を説く。クルーゼンシュテルン世界周航調査隊に遣日使節を結びつけることに成功し、全権代表使節となる。仙台藩石巻の漂民四名の帰還の使命を伴った日本との通商交渉は失敗に終わり、カムチャツカに帰港。アラスカ、カリフォルニアを視察後、一八〇六年部下のフヴォストフ、ダヴィドフに日本北方の襲撃を命じたが、後に命令を撤回、ペテルブルグへの帰途、クラスノヤルスクで落馬したことが原因で病死。

5 **伯爵ロマンツォフ**（ルミャンツェフ（Николай Петрович Румянцев. 1754–1826）アレクサンドル一世治世時代の政治家、外相（1808）、帝国宰相（1809–12）。退官後も史料の蒐集、史料出版の財政的後援者としても有名。諸探検に従事し、史料を蒐集出版した歴史家、考古学者の集団はルミャンツェフグループといわれる。その所蔵品は政府に譲渡され、それをもとにペテルブルグにルミャンツェフ博物館、図書館が設立され、後にモスクワに移転されてレーニン図書館の源泉となる。

6 **アダム・ラクスマン**（Адам Кириллович Лаксман. 1766–1803）ロシア陸軍中尉、最初の遣日使節。一七九一年エカテリーナ女帝によって日本漂民の送還と通商を求めて日本に派遣され、光太夫ら三名を連れて一七九二年根室に来航。翌年松前にて幕府目付石川忠房らに応接。漂民を引き渡し、シベリア総督ピーリの公文を提出したが受理されず、幕府の訓示文書と信牌（長崎入港許可書）を与えられ、帰国後ロシア政府に報告した。また、父キリルとともにペテルブルグに上り、日本で採集した動植物の標本をクンストカーメラに寄贈した。対日交渉の一定の功績により昇進を果した。

7
ナジェージダ号とネヴァ号　アメリカ北西岸に向けた派遣の指揮官に命ぜられたクルーゼンシュテルンは、用船購入のため海軍同僚のリシャンスキー中尉に指示し、一八〇三年ロンドンで四五〇トン（船齢三年）と三七〇トン（船齢十五か月の）二艦を購入し、前者に「ナジェージダ号」、後者に「ネヴァ号」と名付けた。リシャンスキーが指揮した「ネヴァ号」による航海記録は Voyage round the World, in the years 1803,4,5,& 6, performed by order of His Imperial Majesty Alexander the First, Emperor of Russia, in the Ship Neva, by Urey Lisiansky. London. 1814. が刊行されている。

8
アロウスミス（Aaron Arrowsmith. 1750–1823）イギリスの地図製作者、銅版印刷業者・出版者。地理学者を多数輩出したアロウスミス家の創始者の一人。二十歳の時にロンドンに移り、銅版印刷業者に雇われた。メルカトル図法による大型の世界地図によって有名になり、後に球状図法による新たな世界地図を解説書付きで刊行。

9
ブロートン船長（William Robert Broughton. 1762–1821）イギリス海軍士官、探検家。イギリスのバンクーバー遠征隊に参加した後、プロヴィデンス号艦長として一七九六年松前、蝦夷島、北東航路、日本東沿岸、琉球を航海、さらにマカオから那覇港を経て九州沖、江戸湾を確認後、松前を再訪。津軽海峡を通過し蝦夷地沿岸、日本海を南下し対馬、朝鮮沿岸まで航海調査を行った。「ブロートン北太平洋航海記」を残している。

10
シャルルヴォア（Pierre François Xavier Charlevoix. 1682–1761）フランス人イエズス会宣教師、探検家、歴史家。神学、哲学、文学の研究のほか、二度におよぶアメリカ大陸の探検旅行を行う。キリスト教史に関する多くの著作を残し、日本に関しては Histoire de l'etablissement, des progrès et de la décadence du christianisme dans l'empire du Japon, 1715「日本切支丹史」と Histoire et description générale du Japon, 1754「日本史」を書いた。

11 **ケンペル**（Engelbert Kaempfer. 1651-1716）ドイツの医者、博物学者。オランダ東インド会社の医師として一六九〇年（元禄三）長崎に来航。滞日中オランダ商館長の江戸参府に二度参加し、五代将軍綱吉に謁見、日本の地理、歴史、習俗、動植物、鉱物など総合的な研究を行い、その遺稿が没後の一七二七年ロンドンで刊行された。The History of Japan. 一九世紀までのヨーロッパにおける日本知識に関する最重要の書。邦訳「日本誌」（霞が関出版）、他に「江戸参府旅行日記」（平凡社）など。

12 **ティレジウス博士**（Wilhelm Gottlieb Tilesius. 1769-1857）ドイツの博物学者、医者、画家。ライプチヒ大学で自然科学、医学を学び、プライセンブルクの美術アカデミーで絵画を修練、それぞれ博士号を取得、一八〇三年にはモスクワ大学の教授に就任した。コペンハーゲンからナジェージダ号に参加し、世界周航中、動植物、民族学上の貴重な観察と描写を残した。クルーゼンシュテルン世界周航記のアトラス巻の貴重な図版の多数、ラングスドルフの著作の図版の多くもティレジウスの画をもとにしている。

13 **ホルネル博士**（Johann Caspar Horner. 1774-1834）チューリヒ生まれの物理学者、数学者。最初聖職者をめざしたが、後にゲッティンゲンで天文学を学び、次いでペテルブルグに赴き、クルーゼンシュテルンの科学調査隊に参加、コペンハーゲンから乗船した。長崎では天体観測、熱気球の実験に寄与している。艦上では数多くの天文観測を行い、航海全体における経緯度の測定を行っている。

14 **トゥンベリ**（ツンベルク Carl Peter Thunberg. 1743-1828）スェーデンの医師、植物学者。ウプサラ大学でリンネの指導下で植物学、薬物学を学んだ。オランダ東インド会社の医師として一七七五年（安永四）長崎に来航。一年余の滞日中江戸参府にも参加、桂川甫周、中川淳庵ら江戸の学者らとも交流。日本の地理、政治制度、宗教、歴史、動物、鉱物、植物、貨幣制度など総合的な研究を行った。帰国後ウプサラ大学に奉職し、リンネの後を継いだ。Flora Japonica（1784）、Resa uit Europa, Africa, Asia（1793）などを刊行し、ケンプファーと同様、ヨーロッパに重要な日本関係知識をもたらした。

15　**散歩のための場所（木鉢）**　長崎の両奉行はレザノフの上陸申請に対し、木鉢郷の人家から離れた浜辺に、三百坪余の場所を作り、竹矢来で囲み、腰掛場所、小屋を用意して上陸を許可した。その旨の報告書を幕府（柳生主膳正、中川飛騨守あて）に提出。「長崎志（続編）」巻十三之上（魯西亜船到港之部）には、木鉢魯西亜人小屋、百姓小屋、見送番所などの詳細な配置図が描かれている。（現在の長崎市木鉢町）

16　**番所衆**　江戸幕府は長崎奉行を設置し、キリシタン禁制、貿易統制、異国船対策、近隣大名の監視などの任務を課した。奉行の補佐役として検使や目付を派遣し時々の事件にあたらせた。ジーボルト「江戸参府紀行」によれば、出島のオランダ人は長崎奉行配下のこれら役人衆をBanjosと呼び、Opperは上級の意、下役はオンデル・バンジョースト（下級の番所衆）で一人の船番（蘭船の監視）と二人の町司（警官役）が付いた。合計およそ十名いたとされ、「給料は幕府からは支給されず、奉行所から出る本給は極わずかだが、正当または不法による副収入は莫大で、密貿易の鍵を掌中にし…云々」と記している。レザノフ来航時には検使として手付行方覚左衛門、小倉源之進、上川伝衛門、清水藤十郎らの名前が登場する。

17　**梅が崎**（大使の上陸場所・滞在地）出島の東南東の対岸、唐人屋舗前波止場（現在の長崎バスターミナル付近）に近接した浜辺で、延宝八年（一六八〇）大村領との境、天神山のふもと長崎領十善寺村）に埋め立てられた築地で土蔵などがあった。隣接して唐人屋敷、唐船の修理場があった。ロシア使節の来航に際し、仮住居が設置されたが、これに関する日本側史料には「長崎志（続編）」巻十三之上に住居、食事所、煮焚所、蔵などの見取り図、番所、竹垣、菱垣、大村藩の出張警備などの詳細な配置図「梅崎假舘図」。

18　**ドゥーフ**（Hendrik Doeff. 1777-1835）アムステルダムに生まれ、オランダ東インド会社に入社、一七九八年長崎に来航。一八〇三年ワルデナールの後を継いで商館長となる。ロシア使節と幕府との困難な交渉にあたっては、厳正中立の態度をとった。長崎滞在中、蘭和辞書「ドゥーフ・ハルマ」を完成し、帰国後の一八三三年に「日本回想録」を刊行した。

19 **ラングスドルフ**（Georg Heinrich von Langsdorf 1774-1852）ドイツ、ラインヘッセン生まれの博物学者。一七九七年ゲッティンゲン大学で医学博士号を取得。一八〇三年ペテルブルグ帝国科学アカデミー通信員。八月クルーゼンシュテルン世界周航隊に参加、コペンハーゲンから乗船。長崎滞在中、自然科学調査、レザノフ使節の通訳として、日露会談に随行。蝦夷地、サハリンでも民族・科学調査。カムチャツカ到着後、レザノフに従ってフヴォストフ、ダヴィドフらとともに露領アメリカ、アラスカ、カリフォルニアを探検。さらにアリューシャン、オホーツクを探検、帰路のシベリア大陸でも動植物、鉱物、地理、民族を調査。

20 **四人の日本人** 石巻若宮丸の漂流民のうち四名、儀兵衛（賄、室浜出身）、津太夫（水主、寒風沢）、左平（水主、寒風沢）太十郎（水主、室浜）。レザノフ使節によって長崎に帰還されたのち、江戸に送られ、仙台藩邸で大槻玄沢、志村弘強によって漂流の顛末、ロシア滞在の詳細を聞きただされ、「環海異聞」が編纂された。なお漂流民のなかでロシアに帰化したキセリョフ善六は、カムチャツカまで乗船し、レザノフに日本語を教えたが、ペトロパヴロフスクで下りる。善六は遡る一八〇三年の慶祥丸漂流事件、後のゴロヴニン事件においても通訳などの貢献をする。

21 **哀れな人間** 「通航一覧」巻二百八十には、漂流民四名の健康状態や行状、自殺を図った太十郎について、御用医師池尻道潜、医師吉雄幸載、通詞および両奉行による報告がある。この事件をきっかけにして、それまで漂流民を幕府に直接引き渡したいとして、日本側からの受け取り希望を拒否していたレザノフは、一転して早急に引き渡したい旨要望することになった。

22 **日本皇帝の交渉の全権** 幕府の代表として派遣された目付、遠山金四郎景晋（1752-1837）「通航一覧」巻二百八十一には、「二月晦日、遠山金四郎御教諭書を携え長崎に参着す、（「長崎志」によれば二月二十五日着）是より奉行と魯西亜使節扱ひの御用を議す、其旨同年三月二日江戸に注進あり、文化二乙丑年二月二五日、今日遠山金四郎着崎、直に岩原え御奉行同道被相越、夫より同人立山え窺れ候、御用談其節如左持参之由、肥田氏方え被差置、一御教諭御書付一通、一奉行可申渡書付一通、一御奉書一通」とある。

23 **最初の謁見**　「通航一覧」巻二百八十一には、文化二年三月六日、大波止上陸から奉行所（立山御役所）までの行列の詳細（日本人随従の船番、御当番方足軽、御役所付、紅毛通詞、町使、御当番方物頭騎馬の服装、およびロシア使節の随員の配列の詳細がある。また「長崎志」続編巻十三之中）にはその詳細を含め、波戸場から奉行所までの道筋、幕張、有来腰掛、肥前・筑前・大村の警固、横丁の配置と距離などを示した詳細図がある。

24 **大波止**　「長崎志」（続編では、「文禄ノ頃より船着の波止場に定め、石垣を築き地形を均し番所を建、寛永の初年に至り船手の町々より下役を出し、異国船船着の度々御奉行所に注進せしむ。」、波戸場の広さを「東西二十五間、南北二十四間、船着の石段上通り二十間、入江五間三尺長十四間」とある。「長崎志」に迦番所、役人詰所、高札場、鉄之石火矢玉などの詳細図がある。

25 **必要な文書**　「御教諭御書附」と「長崎奉行申渡」　第二回ロシア使節に対する幕府の決定文書と長崎奉行が申し渡した最重要文書。「通航一覧」巻二百八十二に「文化二年三月七日、再ひ使節を呼出し、御教諭書及ひ奉行の諭書等読聞かせ、かれ承伏し畢りて、御目付よりもまた申渡しあり、時に真綿二千把ならひに米鹽を與ふ、（使節賜物を辞せし事再三なりしが、終に通事の示諭に従ふ、また出帆のため奉行の印書其外望の筋あり）」とある。また江戸から出張中の文豪大田南畝（蜀山人）は、使節の梅が崎上陸の翌日レザノフと握手し屈託のない聡明な人物と評したが、南畝はこの日露会談にも臨席し、この文書の読み上げなど、その模様を書き記している。

26 **使節派遣の結果**　長崎からカムチャツカに戻ったレザノフは露領アメリカを視察した後、一八〇六年対日通商の必要性を再認識し、武力を背景に通商を迫るべく、支配下の海軍士官フヴォストフとダヴィドフに樺太、択捉の日本の北方拠点を攻撃させた。いわゆる「文化露寇」事件。「通航一覧」巻二百八十四他、関係資料・

文献多数あり。日本から略奪した品々の多くがロシア政府に渡り、現在サンクトペテルブルグの人類学・民族学博物館（クンストカーメラ）に収蔵されている。

27 **ラペルーズ**（La Pérouse, Jean François Galaup de. 1741–1788）フランスの海軍士官、探検家。ルイ十六世にアジア東北岸の探検を命ぜられ、一七八五年ブレスト港を出帆、南米大陸を周航、太平洋を経てマカオに到着した後、日本海を縦断。間宮海峡の最狭部まで達し、宗谷海峡（ラ・ペルーズ海峡）を通過、アイヌ民族と接触、千島列島を探索した。その後南太平洋で消息を絶つ。

28 **フヴォストフ中尉**（Николай Александрович Хвостов. 1776–1809）ロシア海軍の軍人。一七八六年海軍士官学校候補生、後に大尉に任官。一八〇二年露米会社の武官に転任し、株主となる。レザノフの指揮下露領アメリカを回航。日本からカムチャツカに戻ったレザノフの命令により、一八〇六年サハリン南部クシュンコタンの日本拠点を襲撃し、翌〇七年ダヴィドフとともにエトロフ島で南部・津軽両藩の守備隊と交戦。帰国後、一八〇八年に対スェーデン戦争で軍功を挙げたが、〇九年ペテルブルグのラングスドルフ宅での晩餐の後、帰宅途中にネヴァ川でダヴィドフとともに船から転落し溺死する。

参考文献

〔欧文文献〕

・Reise um die Welt in den Jahren 1803, 1804, 1805 und 1806 auf Befehl Seiner Kaiserl. Majestät Alesanders des Ersten auf den Schiffen Nadeshda und Newa unter dem Commando des Capitäns von der Kaiserl. Marine A.J. von Krusenstern. St. Petersburg, gedruckt in der Schnoorschen Buchdruckerey, 1810. Auf Kosten des Verfasses. 3 Bde.Faksimilerprint, Fines Mundi, 2017.

・Reise um die Welt in den Jahren 1803, 1804, 1805 und 1806 auf Befehl Seiner Kaiserl. Majestät Alesanders des Ersten auf den Schiffen Nadeshda und Newa unter dem Commando des Capitäns von der Kaiserl. Marine A.J. von Krusenstern. Berlin, bei Haude und Spener, 1811.

・A Voyage round the World in the Years 1803, 4, 5, & 6: performed by Order of His Imperial Majesty Alexander the First, Emperor of Russia, in the Ship Neva, by Urey Lisiansky, Captain in the Russian Navy, and Knight of the Orders of St. George and St. Vladimir. London, 1814. Reprinted. N. Israel & Da Capo Press. 1968.

・Вокруг света с Крузенштерном. Сост. А.В.Крузенштерн, О.М. Федорова. СПб. Крига, 2005.

・Bemerkungen auf einer Reise um dieWelt in den Jahren 1803 bis 1807. 1812 von G.H. von Langsorff. 1812. Friedrich Wilmans. 1812.

・Voyages and Travels in various Parts of the World, during the Years 1803, 1804, 1805, 1806,and 1807. By G.H. von Langsdorff, London, Henry Colburn, 1813. Reprinted, 1968.

・A Voyage of Discovery to the North Pacific Ocean: in which the Coast of Asia . North, the Island of Insu, the North, South, and East Coasts of Japan, the Lieuchieux and the Adjacent Isles as well as the Coast of Corea, have been examined and surveyed. Performed in H.M. Sloop Providence, and her Tender, in the Years 1795, 1796, 1797, 1798. By William Robert Broughton. London, 1804. Reprinted. N.Israel & Da Capo Press. 1967.

〔日本語文献〕

・「クルウゼンシュテルン日本紀行」羽仁五郎訳注　昭和六年　駿南社
・「奉使日本紀行」クルウゼンシュテルン著　青地盈訳　高橋景保校　一九八五年　教育出版センター
・「ラングスドルフ日本紀行」山本秀峰編訳　二〇一六年　露蘭堂
・「１６４３年アイヌ社会探訪記─フリース船長航海記録」北構保男著　一九八三年　雄山閣
・「ラペルーズ世界周航記─日本近海編」小林忠雄編訳　一九八八年　白水社
・ブロートン著「北太平洋航海記」吉田俊則訳　二〇一一年　東洋書店新社
・レザーノフ著「日本滞在日記」大島幹雄訳　二〇〇〇年　岩波書店
・「環海異聞」「江戸漂流記総集」第六巻　一九九三年　日本評論社
・「ズーフ日本回想録　フィッセル参府紀行」斎藤阿具訳注　昭和一六年　奥川書房
・「長崎オランダ商館日記　二」一九九〇年　雄松堂出版
・「通航一覧」第七（巻之二百六十八～巻之三百六）大正二年九月　国書刊行会
・「東韃地方紀行」間宮林蔵述　村上貞助編　洞富雄・矢澤尚一編注　一九八八年　平凡社
・「小シーボルト蝦夷見聞記」原田信男、スパンシチ、クライナー訳注　一九九六年　平凡社
・「日本とロシア」高野明著　一九七一年　紀伊國屋書店
・「日本北辺の探検と地図の歴史」秋月俊幸著　一九九九年　北海道大学図書刊行会
・「クルーゼンシュテルン世界周航図展」一九九七年　放送大学図書館編集

・日本地理風俗大系　第十四巻「北海道及樺太」昭和五年　新光社
・「ロシア海軍軍人による日本地図作成」ワレンチン・スミルノフ（東京大学史料編纂所紀要第31号）
・「蝦夷地図抄」成田修一編　平成元年　沙羅書房

著者略年譜

クルーゼンシュテルン

Adam Johann von Krusenstern ; Иван Фёдорович Крузенштерн

一七七〇年　十一月六日、エストニアのハッグドに生まれる。
一七八五年　海軍兵学校に入学。
一七八七年　トルコ戦争に参加。
一七八八年　スウェーデン戦争に参加。戦功により海軍中尉、続いて大尉に昇進。
一七九三年〜九六年　英国に留学、英国海軍に服務。英仏戦争の際北米沿岸を航海。
　ニューヨーク、フィラデルフィア等各都市を訪問、世界貿易の活況を見る。
一七九七年〜九九年　イギリスの対中国、東インド貿易の見聞のためマラッカ、広東に到着。
　滞在中アメリカ北西岸と中国との間の貿易を観察。
一七九九年　ロシア帰国後、アメリカ北西岸、アリューシャンの毛皮貿易、広東を中継地とする貿易航路の開発などの報告書を海軍大臣モルドヴィノフに提出。
一八〇二年　海軍省に「世界周航案」を提出し、ロシア帝国最初の世界周航遠征隊の司令官に任命される。
一八〇三年　八月、旗艦ナジェージダ号にレザノフ使節一行および石巻漂流民五人を帯同、リシャンスキー指揮の僚艦ネヴァ号とともにクロンシュタット軍港を出帆、世界周航の航海に出発。
　十二月ブラジル、翌一八〇四年五月マルキーズ諸島ヌクヒヴァ島、六月ハワイ・オアフ島に滞在。
一八〇四年　カムチャツカ、ペトロ・パヴロフスクに到着。艦の修理と補給後、日本長崎に向け出港。

一八〇五年　十月長崎に入港、半年間滞在。レザノフ使節の通商交渉の間、精力的に日本を研究。四月幕府代表が江戸から到着。幕府からの「御教諭御書附」と「長崎奉行申渡」を手交され、交渉は不首尾に終わる。同月長崎を出港、対馬海峡を経て日本海を北上、男鹿半島に接近。日本海北西岸、津軽海峡を経て、松前、奥尻、積丹、石狩湾を経て、蝦夷島北西岸を航行。五月宗谷湾に到着、アイヌ民族や日本役人と接触。ラペルーズ海峡（宗谷海峡）を横断、樺太アニワ湾を探査、日本人開拓地を調査。六月ペトロ・パヴロフスクに帰着。レザノフ一行を降ろした後、北樺太東海岸を探査、樺太アイヌの民族学調査、オホーツク近海を測量。十月ペトロ・パヴロフスクを出港、日本の東方海上を航行、十一月マカオに到着。僚艦ネヴァ号と再会。

一八〇六年　二月黄埔を出港、インド洋を経由して八月クロンシュタットに帰港。

一八〇九年～十二年　「世界周航記」を刊行（ロシア語）、続いて独語、蘭語、スウェーデン語、英語版を出版。

一八一一年　ロシア海軍監督官。

一八二七～四二年　海軍兵学校長を歴任。ロシア科学アカデミー名誉会員、英国王立地理学会員、フランス・アカデミー通信会員

一八四一年　海軍大将に昇進。

一八四六年　八月十日ターリンで死去。

訳者あとがき

クルーゼンシュテルン「世界周航記」は、ロシア帝国が企画した最初の世界一周の探検・調査隊の記録であり、当時地理学上の空白の地域であった北太平洋の地域を解明し、南米、南太平洋、北米地域での民族調査や、さまざまな分野での科学的調査を行い、あわせて日本への使節派遣の経緯を報告した重要な書であった。最初一八一〇年にペテルブルグで政府の公費によりロシア語版が出版され、直後にクルーゼンシュテルンの自費によるドイツ語版が出版された。続いて英語、蘭語、仏語、スウェーデン語、デンマーク語、イタリー語などヨーロッパ各国語の翻訳書が次々と出版され、この書がいかに重要なものとして評価されたかは自明のことと言える。

日本では、通説によれば幕府天文方の高橋景保がシーボルトから蘭語版を入手し、幕府通詞青地盈（林宗）が翻訳し、シーボルト事件で獄死した景保が校訂した「奉使日本紀行」として一八三〇年代に出版された。蘭語版の出版後わずか十数年後には、早くも日本語訳が出版されたことになり、日本に関して西洋人が書いた文献を幕府がいかに重視したかが想定される。レザノフ使節の長崎来航、直後の樺太の日本人開拓地及びエトロフ島を襲撃した「文化露寇事件」、さらにゴロヴニン事件など日露関係において重大な事件が続いた時期であり、そうした政治情勢を考慮する上でも特別な意義をもつものであった。

著者クルーゼンシュテルンは、航海記の冒頭で「航海者は文章が拙いが、率直に書く」と端的に表明しているとおり、著書の内容は航海記録を中心として客観的事実を脚色なしに述べている。特にすべての航路上の経緯度の位置、天文観測の数値、地形図、距離、高度、天候、風向、潮流、海水の深さ、地形、地質などを詳細に記述している。また、ラペルーズやブロートンらの先行する航海者たちの記録や地図を比較検討し、海図製作の改善を示している。また彼の第一の任務は、ナジェージダ号の艦長として、なによりも日本への使節派遣と調査隊乗組員を無事に運ぶことにあり、危険の多い海域での海難事故から守り、健康な状態で無事に周航を果たすことであった。

長崎での日ロ交渉で幕府代表との接見の場には、臨席することはなく、それをめぐる状況については読者にほとんど語ることがないことを、率直に表明している。ほぼ艦上で過ごした半年間では当然のことと言えるだろうし、使節代表のレザノフとの立場上の違いも反映しているものと思われる。この点に関しては、同行した博物学者ラングスドルフが、その著書「ラングスドルフ日本紀行」においてより詳しく報告しており、参照願いたい。また、ロシア使節レザノフの残した「日本滞在日記」（大島幹雄訳）は、まさに自らの体験を記録したものであり、興味が尽きない。クルーゼンシュテルンは日本人との接触に関しては、長崎の通詞や役人たちの対応を通して、風習や性格について述べているが、むしろ短期間ではあったが蝦夷地や樺太での日本人役人やアイヌとの直接交流のなかで、その一端を叙述している。特にアイヌに関する描写は、非常に好感を与える民族として、その性格や生活態度などを予断なく接しており、後に訪れたゴロヴニンをはじめ、多くの西洋人たちに、すくなからぬ影響を与えたのではなかろうか。

この有名な著作は、歴史家羽仁五郎氏によって、昭和六年に「クルウゼンシュテルン日本紀行」全二巻として詳細な解説を加えて刊行されており、本訳書においても大いに参考にさせていただいた。それから百年近く経過しており、できるだけ現代の読者にとっても読みやすい文章にすることに努力した。

訳　者

訳者紹介

山本秀峰 （やまもと しゅうほう）
1948年栃木県生まれ。1971年早稲田大学政治経済学部卒業。外国図書関係の仕事に従事。現在翻訳及び出版に携わる。
翻訳にオールコック「富士登山と熱海の硫黄温泉訪問」(2010年刊)、オールコック「長崎から江戸へ」(2011年刊)、「富士山に登った外国人」、(村野克明共訳2012年刊)、「宣教師ウェストンの観た日本」(2014年刊)「ラザフォード・オールコック 日本および日本人」(2015年刊)「ゲオルク・ハインリヒ・ラングスドルフ著「ラングスドルフ日本紀行－クルーゼンシュテルン世界周航・レザーノフ遣日使節随行記」(2016年刊)「チャールズ・ワーグマン幕末維新素描紀行」(2017年刊)「エルギン卿中国日本使節日記」(2021年刊)シェラード・オズボーン著「日本の断章」(2022年刊)アレクサンダー・ハバーシャム著「マイ・ラスト・クルーズ」(2023年刊)

A・J・フォン・クルーゼンシュテルン著 山本秀峰編訳
クルーゼンシュテルン日本周航記
一八〇四年～一八〇五年ロシア艦ナジェージダ号
長崎・蝦夷地・樺太滞在記

2024年11月25日 初版第1刷発行
編訳者 山本秀峰
発行者 羽石康夫
発行所 露蘭堂
〒171-0021 東京都豊島区西池袋2-25-10-807
Tel. & Fax : 03-6915-2057
http://www.ne.jp.asahi/books/rolando
発売元 （株）ナウカ出版営業部
〒354-0024 埼玉県富士見市鶴瀬東1-5-13-102
Tel.& Fax : 049-293-5565
印刷所 上毛印刷株式会社

ISBN 978-4-904059-61-6

露蘭堂の歴史書・紀行書
西洋人の見た江戸・明治の日本

	A・ハバーシャム著　山本秀峰編訳 **「マイ・ラスト・クルーズ」** **1855年アメリカ海軍北太平洋測量艦隊** **日本航海・琉球・下田・箱館・蝦夷地滞在記** 日米和親条約締結一年後 アメリカ海軍士官が観た日本および日本人	5,500円＋税 978-4-904059-60-9 2023年10月発行
	シェラード・オズボーン著　山本秀峰編訳 **「日本の断章」** **江戸絵師に見る歴史と旅** 安政イギリス通商使節団艦長が見出した 廣重・北斎の芸術性・史料的価値 東海道一日旅で見る日本の自然美・歴史と風習	4,500円+税 978-4-904059-59-3 2022年12月発行
	セオドア・ウォルロンド編　山本秀峰編訳 **「エルギン卿中国日本使節日記」** **第八代エルギン伯爵の書簡および日記より** 1857~58年アロー戦争　西洋列強による清朝中国の開国 幕末日本の激動を招いた安政条約 その背景と歴史的経過	4,500円+税 978-4-904059-58-6 2021年3月発行
	チャールズ・ワーグマン **「幕末維新素描紀行」** 幕末維新期の激動の日本社会の事件、世相、日本人の習俗 ワーグマンの記事と挿絵を集成 画家・美食家の東海道の旅　江戸から京都へ ジャーナリストが活写した時代の風景	3,700円+税 978-4-409059-57-9 2017年9月発行
	G･H･ラングスドルフ著　山本秀峰編訳 **「ラングスドルフ日本紀行」** **クルーゼンシュテルン世界周航** **レザーノフ遣日使節随行記** ロシア最初の世界周航調査隊　遣日使節の長崎滞在、 蝦夷地樺太探検・アイヌ民族調査	3,700円+税 978-4-409059-56-2 2016年7月発行

	エディンバラ・レヴュー編　オールコック **「日本および日本人」** 初代駐日英国特命全権公使、最初の日本論 19世紀英国を代表する政治文芸評論誌に公刊 江戸の風景・「桜田門外の変」詳報	2,900 円＋税 978-4-409059-55-5 2015 年 4 月発行
	ウォルター・ウェストン著　山本秀峰訳 **「宣教師ウェストンの観た日本」** 日本近代登山の父　ウォルター・ウェストン 「日本アルプス登山と探検」「極東の遊歩場」 「知られざる日本を旅して」に続く生涯最後の著書 変貌する日本への希望と憂い	3,200 円＋税 978-4-904059-54-8 2014 年 4 月発行
	山本秀峰編訳　村野克明訳 **「富士山に登った外国人」** **― 幕末・明治の山旅 ―** 江戸・明治の外国人の嘆声と称賛 外交官・女性・農芸家・宣教師・画家・文芸家・お雇い外国人・天文学者・ロシア人植物学者など	3,400 円＋税 978-4-904059-53-1 2012 年 11 月発行
	オールコック著　ワーグマン画 **「長崎から江戸へ」** **― 1861 年日本内地の旅行記録 ―** 初代英国公使の見た幕末日本。長崎街道、瀬戸内海、兵庫、大坂、奈良、伊賀、伊勢、東海道 一か月の騎馬旅行で見た日本の自然、風土	3,000 円＋税 978-4-904059-52-4 2011 年 11 月発行
	オールコック著 **「富士登山と熱海の硫黄温泉訪問」** **― 1860 年日本内地の旅行記録 ―** 開国日本の難局　初代英国公使の言動 東海道・富士登山・熱海への旅で体験した 日本の自然風土、人々の生活	2,200 円＋税 978-4-904059-51-7 2010 年 12 月発行